གཞན་སྟོང་དབུ་མ་ཆེན་མོ། འཇིགས་བྲལ་ལྷ་ཡི་རྔལ་རྫ།

El tambor de la audaz victoria divina

El gran camino medio

Las dieciocho cualidades únicas
de la omnisciente y victoriosa tradición textual Jonangpa,
junto con su visión, doctrinas y prácticas asociadas,
así como la aclaración de objeciones.

གཞན་སྟོང་དབུ་མ་ཆེན་མོ། འཇིགས་བྲལ་ལྷ་ཡི་རྔལ་རྫ།

por Shar Khentrul Jamphel Lodrö

ཤར་མཁན་སྤྲུལ་འཇམ་དཔལ་བློ་གྲོས

Traducido por Ives Waldo
Traductor al español Alejandro M. Garcían

Dzokden

Autor: Shar Khentrul Jamphel Lodrö
Traductor del tibetano: Ives Waldo
Traductor al español: Alejandro M. García
Edición: Ven. Tenpai Gyaltsen

Primera edición

ISBN (en rústica): 978-1-961659-34-6
ISBN (Epub): 978-1-961659-35-3
Publicado por: Dzokden

Esta obra ha sido producida y publicada por Dzokden, una organización sin fines de lucro operada exclusivamente por voluntarios. Esta organización se dedica a propagar una visión no sectaria de todas las tradiciones espirituales del mundo y a enseñar el budismo de una forma completamente auténtica, pero también práctica y accesible a la cultura occidental. Se dedica especialmente a propagar la Tradición Jonang, una rara joya de las remotas regiones del Tíbet que contiene las preciosas enseñanzas de Kālachakra.

Si desea más información sobre el programa de actividades o los materiales disponibles, o si desea hacer un donativo para apoyar nuestra labor, póngase en contacto con:

3436 Divisadero Street
San Francisco, CA 94123
USA
www.dzokden.org
office@dzokden.org

Contenido

— *Kunkhyen Dolpopa Sherab Gyaltsen* —
El gran pionero del Madhyamaka Zhentong en el Tíbet

Prefacio

Hay cuatro razones por las que sentí que era necesario escribir este libro. En primer lugar, de acuerdo con el amplio conocimiento y la experiencia de los maestros de linaje de la mayoría de las tradiciones tibetanas, la tradición Madhyamaka Zhentong es la visión y doctrina que iluminan más claramente la esencia misma de las enseñanzas de Buda. Esta tradición es la que presenta de manera más efectiva cómo el sutra y el tantra se correlacionan y están completamente libres de contradicciones y, al abordar las dos verdades, ofrece un método sumamente eficaz para lograr la liberación de la fijación conceptual a las posturas del eternalismo y el nihilismo. Además, parece tener una extraordinaria capacidad para despertar la mente de la iluminación o bodhicitta, es decir, la mente que se esfuerza por aportar el beneficio último a los seres sensibles y, al mismo tiempo, lograr la propia liberación final.

Así que pensé, "¿No sería maravilloso que más personas conocieran esta tradición y fueran capaces de comprenderla por experiencia propia?". Inspirado de este modo y reconociendo que estas enseñanzas son más valiosas que las joyas más preciosas, como el oro o los diamantes, decidí escribir este texto, sin prestar atención a la considerable cantidad de tiempo que requeriría ni a que posiblemente ofendería a quienes tienen opiniones fijas o visiones sesgadas.

En segundo lugar, en todo el Tíbet y en muchas otras partes del mundo, el legendario reino de Shambala es considerado una tierra pura sagrada e insuperable. Para muchos, no hay nada más importante que renacer allí. Saben que así experimentarán con seguridad la paz y la armonía genuinas que provienen de conocer el estado natural de todos los fenómenos.

Sin embargo, este resultado sólo puede lograrse si los Reyes Kalki de Shambala giran la rueda del dharma para la Era de la Perfección. Aunque algunas personas conocen esto en términos generales, no comprenden las razones concretas que justifican la necesidad de instaurar esta era ni la manera de hacerlo. Dado que este conocimiento es el enfoque principal de las enseñanzas de la victoriosa tradición Jonang, creo que es extremadamente importante entender claramente estos puntos.

En tercer lugar, en todo el mundo, y especialmente en Tíbet, miles y miles de personas han recibido el gran empoderamiento de Kalachakra. Este empoderamiento se reconoce ampliamente como el Dharma más incomparablemente excelso, profundo y completo. No obstante, gran parte de la gente no entiende o no se da cuenta de que los Jonang han sido los principales sostenedores de la tradición textual y práctica integral de este sistema. Esto se debe, en gran medida, a que históricamente han evitado participar en la política y, en su lugar, han optado por permanecer en lugares remotos donde podían centrarse en la práctica del Profundo Camino del Yoga Vajra, basada en la visión del Madhyamaka Zhentong.

Sin embargo, debido a que estas enseñanzas sólo se conservan en la tradición Jonang, muchas personas, tanto dentro como fuera de Tíbet, no las conocen ni las comprenden. Si esta tendencia continúa, existe el peligro de que desaparezcan. Esta pérdida sería increíblemente desafortunada, no sólo para las futuras generaciones en Tíbet, sino para el mundo entero. Por lo tanto, tengo la esperanza de que al escribir sobre el modo de adoptar la visión del Madhyamaka Zhentong, estaré contribuyendo a consolidar la riqueza ilimitada de este tesoro tan precioso de la gloriosa y victoriosa tradición Jonang.

Por último, motivado a las razones expuestas anteriormente, muy poca gente conoce siquiera la existencia de la tradición Jonang y, mucho menos, su profunda visión del Zhentong. Sin embargo, debido a siglos de supresión que han persistido hasta tiempos recientes, entre los pocos que han oído hablar de ella, muchos consideran que la Jonang es una escuela degenerada de escasa importancia. Algunos incluso creen que los Jonang han dejado de existir por completo. El hecho de que estas opiniones impregnen la cultura tibetana moderna es extremadamente trágico.

A mi parecer, esta extraordinaria tradición de conocimiento y práctica ha sido establecida por algunas de las mentes más brillantes que ha producido el Tíbet. En verdad, es un gran y profundo tesoro para el mundo. Si no la protegemos, sería una pérdida irreparable y devastadora para todos. Por esta razón, y con la urgencia de preservar esta tradición en el Tíbet y compartirla con el mundo, he escrito este texto.

Una vez que comprendemos estos razonamientos, cabe preguntarnos, "¿Cómo es posible que durante tanto tiempo se haya descuidado algo tan valioso?". Mi respuesta sería que el público en general ha olvidado estas enseñanzas debido a opiniones políticas opresivas perpetuadas durante muchos siglos. Numerosos letrados han explicado los detalles de esta historia, por lo que me parece que no es necesario discutirlos más extensamente aquí.

Asimismo, en la actualidad, debido a una visión limitada y a estar dominados por el apego, la aversión y la ignorancia, hay quienes siguen siendo arrastrados por el ciclo de la existencia. Perdidos en la búsqueda de sus propias ambiciones y deseos, permiten que sus pensamientos conceptuales los consuman y, por lo tanto, no tienen consideración por los derechos de los demás. La decencia natural, común a todas las personas de este mundo, se encuentra ahora envuelta en una espesa capa de indecencia desvergonzada y obsesión egocéntrica. Si seguimos actuando de esta manera, las generaciones futuras recordarán esta época con remordimiento y vergüenza por la forma en que la sociedad se ha dejado llevar por semejante codicia y comportamiento autoindulgente.

Gracias a estas enseñanzas, tenemos la oportunidad de despertar inmediatamente de este profundo letargo del comportamiento ignorante. Por lo tanto, para el beneficio de nuestras generaciones futuras, nunca más debemos permitir que nuestras mentes se infecten con enfermedades tan nocivas. Así pues, he escrito este texto con el propósito de que podamos convertirnos en maestros de la joya oculta del Tíbet. En virtud de este esfuerzo, rezo para que llegue el tiempo auspicioso en el que todas las personas de este mundo disfrutemos de este tesoro del Madhyamaka Zhentong como un legado compartido.

Khentrul Rinpoche
Shanghai, China 2018

— *Kyabje Lama Lobsang Trinle* —
Mi lama raíz, que me enseñó el Madhyamaka

Homenaje y aspiración de composición

Señor de los Secretos, que complaces a aquellos con mente sagaz y gran actitud; bendecido con el despliegue de las marcas mayores, realizas las acciones del Buda de la Medicina; Señor del Dharma, que manifiestas los diez signos de la forma vacía; preciosísimo Lama Lobsang Trinle, siempre moras en mi corazón.

Segundo Buda en la Tierra de las Montañas Nevadas, con la profecía de "¡Al surgir, izaré el estandarte de la victoria del Dharma!", confirmaste las excelsas enseñanzas de los sutras y los tantras: Dolpopa Sherab Gyaltsen, el victorioso Señor de este mundo.

Con la naturaleza de la mente, revelan el dharma completo y profundo; Mediante la sabiduría primordial, autoconsciente y no conceptual, conquistan el discurso de los expertos en lógica con una seguridad liberadora. Rindo homenaje a los lamas del linaje que provienen de Jetsun Taranatha y los demás.

El que despeja toda degeneración cuando se confía en él; el señor de las cualidades que aumentan como la luna creciente, en quien la sabiduría de los eruditos, la virtud y demás cualidades están completas. Amigo espiritual Yonten Sangpo, te recordaré siempre hasta el final del samsara.

Naturaleza búdica absoluta, libre de principio y fin; el ser puro de los budas exaltados, que existe espontáneamente por sí mismo; para los seres sensibles, la naturaleza búdica es el significado de la base; en realidad, es la inseparabilidad de la base y el resultado. ¡Ante ti elevo este homenaje!

El ser absoluto del cuerpo de la verdad último, que está vacío de las dos formas del yo que deben refutarse; el ser absoluto del cuerpo de la forma último, que es la perfección de las dos acumulaciones ya establecidas.

Libre de toda elaboración de refutación o prueba, el modo impecable de ser de las cosas es el cuerpo de la verdad absoluta. Sin ninguna contradicción ni inconsistencia, es el ser puro y lúcido de la realidad, la Budeidad.

Lo que queda después de refutar lo establecido es la base de la gran vacuidad. Lo que permanece en el espacio vacío de la refutación es la afirmación suprema. Libre de las refutaciones o pruebas de lo relativo, es la extensión de la gran prueba: la afirmación absoluta que abarca todos los aspectos supremos.

Trasciende causas y condiciones, el fenómeno permanente de modo primordial; No surge en dependencia de otros, sino que surge por sí mismo y está presente de forma espontánea. No pertenece a la esfera de las palabras y los conceptos; está más allá del habla, el pensamiento y la expresión. Rindo homenaje a esta gran pureza del no-pensamiento, que nunca es objeto del mero análisis intelectual.

Puesto que la naturaleza búdica absoluta está vacía de todo lo otro, ¿cómo podría estar vacía de sí misma? Todos los fenómenos relativos que componen el samsara son fenómenos engañosos, vacíos de sí mismos y de lo otro. Aunque los seres inmaduros no la conocen o sólo la conocen un poco, los sabios comprenden plenamente esta verdad. Así, la realización de la visión verdadera y auténtica puede clasificarse como completa, parcial o ausente.

La naturaleza vajra carece de cambios de aumento o disminución. Más allá de palabras, pensamientos y expresiones, posee el supremo de todos los aspectos. La extensión de la gran vacuidad trasciende la vacuidad descriptible. Que lo inefable ponga fin a todos los caminos de expresión erróneos.

Procedente de la esfera mental del Segundo Buda, el Omnisciente Dolpopa, carece de profundidad o límites finitos. Aunque este verdadero significado pueda irritar los oídos de los inmaduros, sólo se expresa desde el corazón de la compasión; por lo tanto, ¡por favor, ayúdenme!

Aunque a las mentes inferiores y retorcidas no les importe si las enseñanzas son verdaderas o auténticas, ¡que, gracias al poder de los Victoriosos de las diez direcciones y a mi sincera aspiración, este texto sea únicamente causa de beneficio y felicidad!

— *Buddha Shakyamuni* —
La fuente raíz de las enseñanzas sobre la naturaleza búdica.

CAPÍTULO UNO

Introducción al Madhyamaka Zhentong

Procederá ahora a enseñar la visión última del Madhyamaka Zhentong, que revela el significado definitivo de todos los sutras y tantras de acuerdo con la tradición textual del Gran Jonangpa, el Omnisciente Maestro Poseedor de las Cuatro Confianzas, Dolpopa Sherab Gyaltsen. Esta es la más excelsa de todas las visiones filosóficas y doctrinas de la tierra nevada del Tíbet.

Existen numerosas razones que respaldan esta afirmación. Por citar un ejemplo, durante más de mil años, los maestros del linaje de la tradición Jonang han logrado manifestar de manera unipuntual el poder del estado natural de la realidad como resultado de la práctica del Camino Profundo del Yoga Vajra, que constituye el significado intencionado del Tantra de Kalachakra. Como reconocen ampliamente un gran número de eruditos y practicantes imparciales, sus logros han surgido de la confianza en la realización auténtica.

Entre los sostenedores de la tradición del Kalachakra, la práctica de los Seis Yogas ha sido famosa desde la época en que se transmitió el tantra por primera vez. Sin embargo, a partir del siglo XIII, esta práctica se ha asociado más estrechamente con los practicantes Jonang. Su visión completamente perfecta es la del Zhentong: *el gran camino medio de la vacuidad de lo otro.*

Aunque esto es indudablemente cierto, esta visión filosófica no es exclusiva de los Jonangpas. Entre los grandes carruajes de los ocho linajes de práctica que se abrieron camino en la tierra nevada del Tíbet, también han sostenido esta visión numerosos maestros de gran prestigio de diversas tradiciones. Independientemente de las visiones comunes que se asocian a sus respectivas tradiciones, estos eruditos y practicantes destacados fueron sus defensores y expresaron un gran respeto y admiración por el Madhyamaka Zhentong.

Por nombrar sólo algunos ejemplos, podemos comenzar por la escuela de la traducción antigua, la Nyingma. El Señor de los Victoriosos, el Gran Longchen Rabjam (1308-1364), sostuvo esta visión filosófica. Asimismo, el gran Terton de Mindrolling, Gyurme Dorjé (1308-1364), Getse Mahapandita, Gyurme Tsewang Chokdrub (1761-1829) y Khathog Rigdzin Tsewang Norbu (1698-1755) se inspiraron en gran medida en las enseñanzas sobre Zhentong. Más recientemente, Ju Mipham Jamyang Namgyal Gyatso (1846-1912) también fue partidario del Zhentong. También lo fueron, además, Sechen Gyaltsap (1871-1926) y el Gran Khenpo Gangshar (1925-1980), entre otros. En resumen, parece que entre los Nyingma no existe ningún gran maestro que no tenga en alta estima las enseñanzas sobre Zhentong.

De manera más reciente, también podemos encontrar el ejemplo del consumado vidyadhara Chatral Sangye Dorje (1913-2015), así como el más venerado de sus seguidores, el gran khenpo de Nub Zur, Jigmé Phuntsok (1933-2004). Entre sus estudiantes se encuentran también el venerable Khenpo Tsultrim Lodrö (nacido en 1962), un maestro sumamente competente y con poderosos conocimientos tanto de las enseñanzas tradicionales como de las modernas; la última emanación de Kathog Rigzin Chenpo, Padma Wangchen (nacido en 1973); el gran khenpo Dampa Chimé Rigdzin (1922-2002) y otros destacados khenpos de Larung Gar. Es importante mencionar que hay muchos más personajes expertos en el giro final de la rueda del Dharma que valoran profundamente las enseñanzas Zhentong, pero estos ejemplos son suficientes por ahora.

Entre los practicantes de la tradición Kagyu se encuentran muchos eruditos practicantes, como el Protector de los Seres, el Tercer Karmapa Rangjung Dorje (1284-1339). De hecho, la mayoría de las reencarnaciones posteriores en la línea de los Gyalwang Karmapas también han valorado esta visión filosófica, como por ejemplo el séptimo Karmapa Chödrak Gyatso (1454-1506), el eminente erudito y octavo Karmapa, Mikyo

Dorje (1507-1554), el decimotercer Karmapa, Dudul Dorje (1733-1797), el décimo cuarto Karmapa, Thekchok Dorje (1797-1867), el decimoquinto Karmapa, Khakhyab Dorje (1871-1922) y el decimosexto Karmapa, Rangjung Rigpe Dorje (1924-1981), así como los cuatro padres e hijos del Monasterio de Kamtsang.

Además, podemos mencionar a Gö Lotsawa Zhonnu Päl (1392-1481), el gran Tsurphu Jamyang (1424-1482), el Shamarpa Chennga Chokyi Drakpa (1453-1524) y el gran Jamgön Kongtrul Lodrö Thaye (1813-1899). En la línea de Tai Situ encontramos al gran pandita Situ Chokyi Jungné (1700-1774), el octavo Pema Nyinjé Wangpo (1813-1899) y el undécimo Pema Wangchuk Gyalpo (1886-1952). También hallamos a Beri Khyentse (n. 1947), Lhagsam Tenpe Gyaltsen (c. 1800), Karma Ngelek (1700 -1768), el gran khenpo de Palpung, Tashi Ozer (1836-1910), y el protector Drikung Jigten Gönpo, Yongdzin Do Gangkar (1143-1217).

En tiempos más recientes, el actual tutor de Su Santidad el Gyalwang Karmapa, Khenchen Thrangu Rinpoche (nacido en 1933), así como Khenchen Tsultrim Gyatso (nacido en 1934), el maestro vajra Tenga Rinpoche (1932-2012) y muchos otros, también han enseñado precisamente esto.

Entre los Sakyapas se encontraban el Glorioso Pandita de Sakya, Shakya Chokden (1428-1507), el erudito Lhundrub Gyatso (1523-1596) y el principal fundador del movimiento Rimé en Oriente, Jamyang Khyentse Wangpo (1820-1892).

Dentro de la tradición Geluk del Monasterio de Ganden, se encontraban los discípulos cercanos del Maestro Tsongkhapa: el Señor del Dharma de voz gentil, el gran Tashi Palden (1379-1449); el precioso tulku del Monasterio de Drakar, Gyaltsen Sangpo de Gungru (1383-1450); el tercero en la línea de Jamyang Zhepa, Kelsang Thubten Wangchuk (1856-1916); el maestro de Zhang, Tenpa Gyatso (1825-1897), y muchos otros que fueron practicantes secretos de estas enseñanzas.

Quizás lo más notable es que se dice que muchos de los Dalai Lamas han tenido una conexión secreta con estas enseñanzas y que las han analizado. En este siglo, basta con observar al decimocuarto Dalai Lama, Su Santidad Tenzin Gyatso. Se dice que durante las transmisiones extremadamente secretas de los ocho grandes linajes de práctica, ofrecidas a los practicantes Geluk del Colegio Tántrico Inferior de Sera en Lhasa, el Dalai Lama impartió enseñanzas sobre Zhentong. Independientemente de lo que se hablara durante esas transmisiones, se dice que cuando llegó el momento de practicar los Seis Yogas Vajra de Kalachakra, recomendó a sus estudiantes que se dirigieran a los Jonangpas, ya que, excepto ellos, no había otra fuente fiable de la cual depender. También mencionó que lo mismo sucede al estudiar la 'práctica de las seis ramas', y que solo hay que seguir lo que esté en consonancia con las enseñanzas del Jonang.

Después, en otra ocasión, al hablar del establecimiento independiente, enseñó que, cuando se toma la vacuidad de las formas vacías como objeto de meditación, se comprende que esas formas existen naturalmente y permanecen en la propia experiencia incluso después de haber realizado la vacuidad. En ese momento, las formas vacías quedan establecidas tanto por refutaciones lógicas de lo relativo y contaminado, que es distinto de sí mismo, como por el establecimiento de la experiencia de lo último y no contaminado. Como no surge interdependientemente a partir de condiciones incidentales, la forma vacía es un resplandor gradual de la luminosidad primordial en la vacuidad surgida gracias a la práctica del yogui.

Asimismo, en el pasado, Su Santidad ha recomendado las enseñanzas de Taktsang Lotsawa (1405-1477) por su gran relevancia en este tema. También destacó el comentario sobre el significado general del tantra de Kalachakra, escrito por el erudito y consumado Norsang Gyatso (1423-1513). Durante las enseñanzas dirigidas a los practicantes Geluk, Su Santidad mencionó lo siguiente:

> *Aquí, el significado de "independiente" debe entenderse minuciosamente en función de estos puntos. Al hacer distinciones cuidadosas durante la práctica de esta meditación, es importante reconocer que, a pesar de los numerosos debates en torno a la intención de los Jonangpas, no debería haber duda de que ambos, lo último y naturalmente existente, y la experiencia iluminada que permanece tras la realización experiencial de la vacuidad, son puntos cruciales que deben tenerse en consideración.*

Haciendo eco de estas palabras, el gran maestro no sectario y khenpo de Larung Gar, Tsultrim Lodrö, ha dicho:

Si consideramos la totalidad de las prácticas de Kalachakra, éstas son tan extensas que es difícil que todos puedan completarlas. Además, si se interrumpe la continuidad de las prácticas yóguicas superiores, las numerosas técnicas relacionadas con el trabajo con los canales, las esencias sutiles y los aires energéticos se vuelven considerablemente más complicadas. La existencia de estas prácticas es necesaria para lograr la consumación de Kalachakra, y las encontramos entre los practicantes de Kalachakra de la tradición Nyingma, así como entre los Jonangpas. Sin embargo, aunque en el pasado había muchos Nyingmas que sostenían estas enseñanzas, hoy en día sólo quedan unos pocos. Este patrón se observa también en muchas de las otras tradiciones del Dharma.

Asimismo:

Las enseñanzas Jonangpa no sólo concuerdan plenamente con la experiencia directa del significado de las palabras del Buda en el último giro del Dharma, sino que no le añaden ni media sílaba. Sin el Jonang, nosotros, los tibetanos, no podríamos dilucidar de manera correcta y completa el significado de los tres giros. Siempre pienso lo mismo: si el Budadharma es como un loto de ocho pétalos, sin las enseñanzas de la tradición Jonang, sería como si le faltara un pétalo.

Lo que todo esto demuestra es que muchos Señores del Dharma honestos e imparciales han reconocido que el significado intencionado de las enseñanzas Jonang es profundamente valiosa. El hecho de que tantas grandes mentes del Tíbet hayan expresado semejantes elogios hacia la visión filosófica y las doctrinas del Jonang es testimonio de ello.

En general, creo que debemos recordar que todos somos seguidores de un solo maestro, el Señor Buda. Si tenemos esto presente, evitaremos perdernos en una mentalidad de alienación mutua que considera a las distintas escuelas del budismo como entidades completamente inconexas e imposibles de unir. Al compartir nuestras ideologías, no debemos temer participar en el estudio conjunto de las visiones y doctrinas filosóficas de los demás. De lo contrario, al no comprender con precisión la perspectiva de los otros, estaremos condenados a permanecer en la ignorancia. Esto, en sí mismo, iría en contra del propósito esencial por el cual el Buda hizo girar la rueda del Dharma: la erradicación de toda la ignorancia. Además, existe el peligro de que las sanghas de las diez direcciones tengan un refugio incompleto en el Dharma. Por lo tanto, no veo razón alguna por la que no podamos conciliar las diferencias entre nuestras visiones y doctrinas filosóficas.

Dentro de nuestras prácticas y tradiciones textuales, existen ciertos aspectos que pueden considerarse menos esenciales y que, tal vez, puedan percibirse como detalles opcionales que aportan diferencias en el estilo de presentación. Sin embargo, el fundamento de nuestras visiones y doctrinas filosóficas —su objetivo común de paz y armonía— es necesariamente uno y el mismo.

¿A qué me refiero? Consideremos a nuestros hermanos y hermanas de los linajes del vehículo fundamental en el sur. Todos ellos forman parte de la familia de aquellos que deben cultivarse mediante el estudio y la práctica del primer giro de la Rueda del Dharma del Buda. Este giro es el fundamento mismo de las enseñanzas del Buda. Dado que todos los que se autodenominan budistas las conocen, estas enseñanzas constituyen la raíz que nos permite reconciliar nuestras visiones filosóficas discordantes.

Con base en el significado esencial del primer giro, nuestros hermanos y hermanas de los linajes orientales del vehículo mahayana también incorporan el estudio y la práctica de las enseñanzas del segundo y tercer giro. Aunque sólo algunos de estos budistas tienen un conocimiento completo de los sutras del giro intermedio, todos poseen al menos una idea general de las Cuatro Nobles Verdades. Esto indica que existe un hilo conductor que los conecta con los linajes del sur.

A primera vista, las doctrinas de los linajes tibetanos del vehículo vajra parecen ser muy diferentes en aspectos como la vestimenta de los monjes, su conducta, rituales, prácticas, y representaciones de deidades, entre otros. Sin embargo, cuando prestamos más atención, esta apariencia es, en realidad, engañosa, ya que la base o raíz de sus visiones y doctrinas filosóficas, así como su disciplina y otros elementos, concuerdan completamente con los de los otros linajes.

Dentro de las doctrinas de los linajes tibetanos, los practicantes tienen al menos cierta conciencia del significado intencionado del primer giro. Están versados en la tradición textual de la liberación personal y practican de acuerdo con el vinaya. También cuentan con una extensa tradición textual relacionada con las enseñanzas del sutra de los giros intermedio y último. Sin embargo, a diferencia de los demás linajes, estos practicantes poseen además una amplia tradición de estudio y práctica del tantra budista.

Al basarse en los medios hábiles tanto del sutra como del tantra, quienes practican dentro de los linajes tibetanos llegan a reconocer que el significado definitivo de ambos conjuntos de enseñanzas es, en última instancia, el mismo. Aunque existen numerosos linajes del Dharma en el Tíbet, cada uno con su propia y profunda tradición textual de sutra y tantra, todos ellos están enraizados en los tres giros de la Rueda del Dharma. Ninguno queda fuera de estas enseñanzas.

Es bien sabido que, entre las tradiciones tibetanas, la filosofía madhyamaka es considerada la suprema. Sin embargo, podemos hablar de dos escuelas de pensamiento dentro de las doctrinas tibetanas del madhyamaka: la *rangtong* (vacuidad de sí mismo) y la *zhentong* (vacuidad de lo otro). Todo puede incluirse en estas dos escuelas. Por lo tanto, es muy importante aprender a distinguir entre la visión rangtong y la zhentong. Sorprendentemente, a pesar de que mucha gente está al menos parcialmente familiarizada con la interpretación rangtong del madhyamaka, muy pocos entienden el significado de la zhentong. Por esta razón, con el fin de dilucidar el significado y las distinciones de estas dos interpretaciones, dejaré temporalmente de lado los puntos más sutiles que se encuentran en los textos y, en su lugar, me centraré en sus principios básicos para que sean claros y fáciles de comprender.

Es un error común pensar que el significado último de estos dos términos es algo sumamente difícil de entender. Esto ha dado lugar a un gran debate que ha durado siglos. Incluso hoy en día, es complicado encontrar a alguien que haya llegado a una conclusión definitiva. En mi humilde opinión, esto se debe a que, históricamente, se ha malinterpretado desde un principio el significado básico de los términos "rangtong" y "zhentong".

Esta confusión se debe a que se han intentado encajar estos términos en los principios filosóficos establecidos previamente por las tradiciones textuales existentes, en lugar de basarse realmente en sus significados fundamentales. Al proyectar sobre estos términos toda suerte de significados filosóficos adicionales, su significado directo se ha nublado, dificultando su comprensión. Para evitar esta falta, es esencial no centrarse en las proyecciones; en su lugar, debemos enfocarnos en el significado directo y fundamental de estas palabras. Una vez que comprendamos ese significado, podremos ver cómo todas las doctrinas elaboran y enriquecen ese concepto. Esto facilitará enormemente su entendimiento.

Siguiendo esta estrategia, presentaré los temas y términos utilizados por estas escuelas, así como sus posiciones fundamentales, desde la perspectiva del modo en que su significado se experimenta directamente. Es importante tener esto en cuenta durante nuestra lectura, ya que el objetivo de familiarizarnos con estas filosofías es adquirir un conocimiento directo a partir de nuestra propia experiencia.

En general, todos los términos tienen la naturaleza de ser convenciones. Tienen un significado fundamental relacionado con su uso en un contexto cotidiano. Si nos enfocamos en lo que cada convención intenta comunicar, será relativamente fácil comprender estos términos.

Comencemos con la palabra "tong", que en español significa "vacío". Cuando decimos "Y está vacío de X", nos referimos a que un fenómeno X es inexistente dentro de otro fenómeno Y. En esta relación, Y se denomina "la base de la vacuidad". Esa es la esencia de estas palabras; no tiene por qué ser más complicado que eso.

Luego tenemos la palabra "rang", que se traduce como "sí mismo". Este término se refiere a la esencia de un fenómeno, es decir, aquello que constituye su propio ser. No hay ningún truco aquí; basta con considerar el significado común que todos comprendemos en nuestra cultura.

Cuando decimos "rangtong", estamos diciendo "vacío de sí mismo". Esto significa que, aunque algún fenómeno o un objeto conocible existe de manera convencional, desde la perspectiva de la verdad última —es decir, la manera en que las cosas son realmente— ese fenómeno u objeto conocible en *sí mismo* (rang nyid) está vacío de su propia *esencia intrínseca* (rang gi ngo bor). En otras palabras, la esencia intrínseca es inexistente en el objeto conocible.

Dicho fenómeno vacío de sí mismo sólo puede existir como una verdad relativa. No cumple con los criterios ni la función de algo que existe como verdad última. Si nos preguntamos por qué no, la razón es que, cuando no se examinan o analizan intelectualmente, se observa que tales fenómenos existen en la vida ordinaria en la medida en que surgen como meras apariencias dentro de nuestra experiencia. Convencionalmente, podemos decir que existen tal como aparecen, porque son capaces de cumplir las funciones causales esperadas.

Sin embargo, se dice que todos esos objetos relativos y causales son inexistentes en la verdad última, o en el modo último de ser de las cosas, debido a que, al analizar nuestras afirmaciones sobre su existencia, encontramos que no es posible establecerlas, lo que nos deja únicamente con las meras apariencias que experimentamos. Aunque estos fenómenos meramente imputados definitivamente no existen desde la perspectiva de la sabiduría primordial de la autoconciencia, ni siquiera existen dentro de la mente conceptual de la lógica y el razonamiento. Incluso en la ciencia moderna, podemos observar que, al analizar partículas materiales con tecnología, no encontramos nada sustancial en ellas. Al final, toda la materia se disuelve de nuevo en el campo cuántico. Esto nos lleva a la conclusión de que, en la verdad última, todas las entidades convencionales de la verdad relativa están vacías de su propia esencia. Incluso cuando analizamos el concepto de "verdad relativa", nos damos cuenta de que, al final, tampoco podemos encontrarla. Cuando reflexionamos un poco sobre estas ideas de manera cuidadosa y detallada, se vuelven bastante comprensibles. Por desgracia, la mayoría de las personas no piensa de esta manera.

En lugar de eso, todos los fenómenos visuales y sonoros aparecen ante nosotros como si fueran cosas reales que existen verdaderamente desde su propio lado, tal como se nos presentan. Este engaño fundamental nos hace adoptar el aspecto de un ser sensible engañado. En un universo donde no hay un yo, nos aferramos al yo de los individuos y a la identidad de los fenómenos. Aunque se puede demostrar que todos estos fenómenos relativos no tienen una existencia inherente en realidad, nuestro continuo aferramiento a las cosas como si fueran reales nos lleva a obsesionarnos con objetos relativos que no se corresponden con la realidad. Así pues, se produce un desajuste entre el modo de ser y el modo de existir.

Como resultado de esto, nos encontramos indefensos, dando vueltas una y otra vez en el samsara y necesariamente experimentando sufrimiento debido a nuestra fijación en las apariencias conceptualizadas. La "raíz del samsara" es solo esto; no necesitamos buscar nada más. La visión rangtong, que establece lógicamente la vacuidad de sí mismo de lo relativo y engañoso, es fundamental para todos los entendimientos de la filosofía madhyamaka. Esto incluye el Madhyamaka Zhentong, que enseña esta visión con el propósito específico de eliminar los numerosos sufrimientos del samsara, como las enfermedades, los ataques demoníacos y otras calamidades. Cuando comprendemos claramente la visión rangtong, podemos abandonar todas estas limitaciones engañosas y, en última instancia, alcanzar la liberación que se encuentra en la experiencia del gran gozo inmutable o simplemente "gozo inmutable", como se denomina en los textos de los insuperables tantras.

Si nos enfocamos ahora en comprender esta liberación inmutable, podemos encontrar diversas explicaciones en las distintas doctrinas individuales. Muchas de ellas identifican la "liberación" como la mera negación de los dos oscurecimientos. Sin embargo, al preguntar si este tipo de liberación es vacía o no, encontramos diversas respuestas que carecen de coherencia y estabilidad.

Algunos defensores de la perspectiva rangtong argumentan que la vacuidad es una comprensión intelectual desligada de la experiencia. Afirman que se trata de "la ausencia de los estados aflictivos de la mente, separada de la experiencia de lo relativo". Sin embargo, semejante forma intelectual de vacuidad no se puede encontrar en la propia experiencia como una realización que aprehende la realidad como gozo y luminosidad. Puesto que una mente conceptual debe aprehender y etiquetar la vacuidad de sí mismo como algo teórico que existe "más allá del alcance de la experiencia", se concluye que es inexistente. Así, lo que es irreal no tiene a dónde ir.

Si consideramos que el modo último de ser de las cosas es algo que es inexistente, entonces queda totalmente descartado "alcanzar" tal cosa, salvo quizás como un experimento de pensamiento. Es contradictorio afirmar que la naturaleza de la realidad es la inexistencia. Incluso en el lenguaje cotidiano, esta afirmación resulta evidentemente errónea.

Lo último es, por definición, la naturaleza de la realidad. Por lo tanto, entre todos los temas que deberían interesarnos, este es, sin duda, el más importante. Sin embargo, nadie desea conscientemente esforzarse por alcanzar algo que es inexistente; simplemente, eso no sucede. Incluso si alguien pudiera concebir esa idea, carecería de sentido esforzarse por algo que no existe.

Por un lado, los razonamientos que sostienen que los conceptos de 'lo último' y la 'liberación' están vacíos de sí mismos pueden ofrecer un beneficio provisional significativo, ya que nos permiten eliminar el apego que se afianza en el yo de las personas y en la identidad de los fenómenos. Sin embargo, si caracterizamos la vacuidad de la naturaleza búdica última como la vacuidad de la existencia verdadera y afirmamos que es inexistente, entonces la liberación resultaría algo carente de sentido. Si bien es fundamental que todos los budistas comprendan plenamente la ausencia del yo, debemos tener cuidado de no extender en exceso esta metodología.

Los zhentongpas están de acuerdo con los rangtongpas en que todos los fenómenos relativos están vacíos de sí mismos. Como se afirma en el *Continuo sublime*:

Aunque la naturaleza está vacía de cosas incidentales
que tienen la característica de ser separables,
no está vacía de las cualidades insuperables
que tienen la característica de ser inseparables.

También, el *Sutra de la gran vacuidad* dice:

Ananda, del mismo modo que cuando algo es inexistente en otra cosa, la prime-ra está vacía de la segunda. Al observar correctamente lo que se describe, lo que permanece restante ahí, existe. Conocer lo descrito es conocerlo correctamente tal como es.

Asimismo, en el *Rugido del león del Sutra de Shrimaladevi* se dice:

Bendito, la naturaleza búdica no está vacía de las inconcebibles cualidades bú-dicas que son completamente indivisibles e inseparables de ella, y cuyo número supera al de los granos de arena del río Ganges.

Y en la *Enseñanza breve que establece la visión* de Manjushri, se dice:

La vacuidad que proviene del análisis de los agregados
es como un árbol de plátano que no tiene corazón.
La vacuidad con todos los aspectos supremos
no es de ese modo.

Con base en lo dicho en estas y en muchas otras escrituras, los defenso-res del zhentong proclaman que el modo último de ser de las cosas no está vacío de su propia esencia, sino que ésta es lo último naturalmente existente. Este último inmutable es la base de la vacuidad para todas las demás cosas, que están vacías de sí mismas dentro de él, es decir, todos los fenómenos relativos y separables. Esta es la gran visión madhyamaka de la vacuidad de lo otro.

Algunos pueden objetar a esto diciendo, "¿Acaso el zhentong no rechaza la visión rangtong, tal como la estableció Nagarjuna?". A esto, yo respondería que el zhentong no rechaza la visión rangtong. Si no se comprende que lo relativo está vacío de sí mismo de acuerdo con la filosofía rangtong, entonces es imposible llegar a la realización zhentong de que el no vacío último está vacío de todos los otros fenómenos relativos que no son él mismo.

Cuando se analizan los conceptos relativos, es cierto que se descubre que están vacíos de sí mismos. Sin embargo, considerar que el modo último de ser de las cosas tiene la misma inexistencia vacía de sí misma que lo relativo, sería algo erróneo, incluso según criterios mundanos. Sólo podemos experimentar la naturaleza de la realidad si nuestra experiencia concuerda con lo que realmente es. La realización de este último, que está vacío de lo otro, debe lograrse mediante la experiencia generada por el poder de la meditación.

Algunos dicen que la realización de lo último significa saber inferencialmente que "lo último" se define como "aquello que simplemente no es cierto a nivel relativo". Sin embargo, el conocimiento experiencial de tal inferencia no es la manera de realizar el modo último de ser de las cosas. Aunque comprender este aspecto lógico de lo último, que refuta lo relativo, es un paso a lo largo del camino para experimentar el modo de ser de las cosas libre de los engaños de lo relativo, no podemos considerarlo la culminación de ese camino.

Para distinguir correctamente las dos verdades, es necesario conocer tanto el rangtong como el zhentong. La realidad misma es la esencia de la visión y la doctrina budistas, por lo que su realización debe presentarse en términos de conocimiento experimental, tanto de la base no vacía de la vacuidad así como de los fenómenos vacíos de sí mismos que hay en ella. Hacer lo contrario significaría que la tesis ampliamente aceptada de que "la visión del modo de ser de las cosas se realiza experiencialmente" no sería mejor que afirmar algo como "no tengo ni idea de lo que es un jarrón, pero me doy cuenta de que no hay agua en este jarrón".

Para ilustrarlo mejor, imaginemos que tenemos una mesa frente a no-sotros y que debemos percibir que no hay una serpiente sobre ella. Para percibir "la ausencia de una serpiente sobre la mesa", primero debemos reconocer algo que podamos llamar "mesa". También debemos entender lo que es una "serpiente". Todos estos conceptos deben conocerse al mis-mo tiempo. Sólo entonces podremos determinar que en la mesa frente a nosotros no hay una serpiente. Esta comprensión de que "la mesa existe como la base de la inexistencia de una serpiente" es el antídoto mediante el cual eliminamos el miedo a que haya una serpiente allí. Las dos verda-des son de esta manera.

De este modo, podemos utilizar convenciones mundanas sencillas para que el entendimiento de la vacuidad sea más fácil. No hay necesidad de hacerlo más difícil que esto. Sin embargo, si insistimos en extender a la naturaleza última la idea de que lo relativo está vacío de sí mismo, enton-ces eso hace que lo último sea inexistente y, por tanto, algo que no puede realizarse. No es posible considerar como la base de la vacuidad a una vacuidad que sea de ese modo. Si sostenemos dicha visión filosófica, la noción misma de lo último se convierte en un sinsentido incomprensible.

Por definición, la base experimentada de la vacuidad de los fenómenos relativos que están vacíos de sí mismos no puede estar vacía de sí misma. La vacuidad no puede ser simultáneamente la base de la vacuidad, porque si se experimenta la base de la vacuidad, no hay nada que pueda refutar-la. Sin embargo, desde la perspectiva de quien sostiene que lo último es vacío de sí mismo, se afirmaría que tanto los fenómenos convencionales como lo último existen como fenómenos vacíos de sí mismos y, en última instancia, inexistentes. No habría diferenciación entre los dos; sería como confundir excremento de animales con bolas de barro.

De este modo, lo último que se experimenta no puede estar vacío de sí mismo porque es la experiencia misma de la naturaleza última de la realidad. Ni la experiencia de los engaños incidentales de la verdad re-lativa ni la experiencia de su mera ausencia son iguales a la experiencia de esa verdad en sí. Las descripciones conceptuales tampoco pueden describir plenamente tal experiencia; sólo pueden señalar aspectos limitados y parciales la perspectiva de la verdad relativa y ofrecer una comprensión superficial.

En el Tíbet, el modo de ser de las cosas desde la perspectiva de lo relativo engañado se conoce como *kundzop*. "Kun" significa completamente y "dzop" significa ocultar o disfrazar. Por lo tanto, es aquello que "oculta completamente" la verdad última. De este modo, kundzop es engaño. Esta verdad relativa y encubridora es errónea y completamente inexistente desde la perspectiva de la verdad última. Así, es definitivamente correcto afirmar que está vacía de su propia esencia. Sin embargo, si extendemos esa afirmación a la perspectiva de lo último, lo último se convertiría en un estado nominal de realización experiencial genuina que ni se realizaría experiencialmente ni sería genuina. Por el contrario, se mermaría hasta no ser nada en absoluto.

Si se ignora la plenitud de las cualidades iluminadas que se realizan mediante la visión zhentong, entonces la visión y la doctrina del Buda se plantean de forma incompleta y solo en términos de las meras negaciones del rangtong. Como consecuencia, esto haría que ambas verdades estuvieran vacías de sí mismas. Lo último y lo relativo se volverían indistinguibles, lo que conduciría a conclusiones totalmente absurdas y extremas. Porque, si ambas verdades fueran falsedades vacías, no podría haber una que se rechazara como falsa mientras que la otra fuera algo verdadero que se realiza. Esto le quitaría todo sentido al camino budista.

Por lo tanto, el modo último de ser de las cosas debe entenderse como la base no vacía que está vacía de verdad relativa. Sólo así se puede comprender correctamente la esencia iluminada de las cosas. Si no nos damos cuenta de que la verdad última nunca puede estar vacía de su propia esencia, aunque aún sea posible abandonar los fenómenos engañosos que son vacíos de sí mismos, no se alcanza el logro de los fenómenos verdaderos de la plenitud experiencial; por lo tanto, no hay alternativa a la experiencia del samsara. Dado que quien alcanza la liberación también es inexistente, nunca puede haber forma de que ese ser se libere de las visiones extremas del eternalismo y el nihilismo.

La alternativa a eso sería abandonar por completo la obsesión con la naturaleza engañosa de lo relativo experimentado y, entonces, alcanzar la experiencia en el modo de existencia último dentro de las ilimitadas cualidades iluminadas. A este yo último, de la base y el resultado inseparables, se le puede dar el nombre de "yo verdadero". Ese es el yo que alcanza la iluminación. Cuando lo conozcamos, nuestras mentes no estarán engañadas acerca de todos los medios hábiles que nos liberan de los extremos del apego conceptual al eternalismo y al nihilismo.

Sin embargo, de acuerdo con los defensores del rangtong, esto no es así. Si seguimos su lógica, entonces las dos verdades están igualmente engañadas. No hay distinción entre ellas. Tanto la naturaleza de la mente como la de lo relativo están vacías de cualquier naturaleza verdadera. Así pues, no puede haber liberación del engaño samsárico, porque el nivel de budeidad perfectamente iluminada que buscamos alcanzar es igualmente engañoso, inexistente e inalcanzable.

En el *Sutra para beneficiar a Angulimala*, se encuentra una parábola que representa esta visión engañada:

Una vez, un necio creyó que un pedazo de granizo era un trozo de precioso lapislázuli. Rápidamente, escondió el pedazo de granizo en una botella de vidrio. Después, debido al calor del sol del mediodía, el pedazo de granizo se derritió. El necio vació la botella para recuperar su tesoro, pero no había nada y se convenció de que su lapislázuli se había fundido en la vacuidad. A partir de ese momento, el hombre creyó que en realidad había visto un verdadero trozo de lapislázuli, pero que había surgido una apariencia engañosa que había transformado el lapislázuli en un pedazo de granizo, que a su vez se había derretido en la nada absoluta. Tú, Manjugosha, eres como esa persona necia.

También sostiene que la vacuidad extrema de tu práctica, la vacuidad de la nada absoluta, es la liberación. Esa visión extrema de la vacuidad es similar al ejemplo del pedazo de granizo. Tu visión extrema de la vacuidad está condicionada por imposiciones innecesarias y se considera como una forma de ignorancia en relación con la liberación del Bienaventurado.

En el sentido definitivo, la liberación tiene un rostro que no está vacío. La liberación de un Bienaventurado es como un trozo de lapislázuli precioso. Considerar, por ignorancia, que las dos—la liberación de un Bienaventurado y la visión extrema de la vacuidad—son lo mismo es como el necio que sostiene que vio un trozo de lapislázuli en forma de un pedazo de granizo que, al final, se convirtió en nada en absoluto.

El punto de esta discusión es enfatizar que, sin importar lo que los defensores del rangtong puedan proclamar, no hay nada que realmente refute la visión zhentong. Cuando los rangtongpas afirman que la experiencia última del modo último de ser de las cosas está vacía de sí misma, surgen muchas contradicciones e incongruencias, y se ven obligados a remendar su lógica, concretamente cuando intentan hablar de la naturaleza auténtica de la luminosidad y la sabiduría prístina innata. En esos momentos, se hace patente que no se puede establecer una visión coherente uniendo piezas de lógica incompatibles.

Aunque eliminar los engaños a partir de la comprensión de que lo relativo está vacío de sí mismo es, en efecto, el primer paso hacia la liberación del samsara, para alcanzar realmente la liberación completa debemos ir más lejos, hasta experimentar con certeza la naturaleza existente de la realidad descrita en las enseñanzas zhentong. Esta es la gran vacuidad de lo otro, que no está vacía de sí misma, el nivel de la budeidad completa que necesitamos alcanzar.

Esta es la intención última del Victorioso, el Buda perfecto, y de los tantras profundos que la expresan en su totalidad. Esto incluye tanto los tantras de las traducciones antiguas como los de las posteriores, como los tantras de Hevajra, Guhyasamaja, Mahamaya, Chakrasamvara y otros. Es especialmente cierto en relación con el significado unificado de todos ellos, que se presentó en el rey de todos los tantras, el supremamente glorioso tantra de Kalachakra.

Estas enseñanzas incluyen los preciados tesoros que enseñaron tanto el propio Victorioso como su regente, el Bodhisattva Maitreya, y sus seguidores. En particular, incluyen los cinco tratados de Maitreya, las enseñanzas inmaculadas de los Reyes del Dharma y Kalki de Shambala, las enseñanzas de los eruditos y practicantes de la gloriosa universidad de Nalanda, y las completamente perfectas instrucciones de corazón de los mahasiddhas del Tíbet. Todas estas obras deben leerse con la certeza de que la buena fortuna de incluso poder ver el significado intencionado del Buda es algo supremamente auspicioso.

* * *

Para beneficiar a los demás, hay que enseñar con palabras del discurso convencional.
Tal visión debe distinguir entre rangtong y zhentong.
Al conocer claramente la naturaleza del samsara y del nirvana,
hay que saber lo que es apropiado aceptar o rechazar.
¿Qué sentido tiene una doctrina que no satisfaga estas tres necesidades?

— El Bodhisattva Maitreya —
La esencia del amor, fuente de las enseñanzas del Gran Camino Medio.

CAPÍTULO DOS

La base, el camino y el resultado particulares

De acuerdo con la tradición textual del Gran Jonangpa, el Omnisciente Maestro Poseedor de las Cuatro Confianzas, Dolpopa Sherab Gyaltsen, enseñaré ahora la visión última del Madhyamaka Zhentong, que revela el significado definitivo de todos los sutras y tantras. Esta es la más excelsa entre todas las visiones filosóficas y doctrinas de la tierra nevada del Tíbet.

Al determinar las visiones filosóficas de cada uno de los linajes tibetanos, es necesario saber clasificar la manera en que entienden la base, el camino y el resultado. Por esta razón, es muy importante identificar los distintos niveles de significado que se utilizan para clasificar las experiencias asociadas con estos.

LA BASE

Lo primero que es necesario determinar es si se trata de una base última o de una base meramente incidental. Si una tradición afirma que su base es última, es fundamental examinar a fondo esta declaración. Por ejemplo, si se dice que la base es un objeto que puede ser conocido por una conciencia conceptual, entonces, por definición, es incidental y, por lo tanto, no puede considerarse un soporte válido para recibir la etiqueta de "base última". Es muy importante analizar cada sistema de este modo.

Por ejemplo, si consideramos la conciencia fundamental en nuestro propio sistema Jonang, ésta es sinónimo de todas las tendencias, tanto las relacionadas con las aflicciones del samsara como las que conducan a la liberación purificada del nirvana. Dado que es un soporte en el que se deposita algo, se considera, por lo tanto, una base meramente incidental.

Con respecto a lo que no es la base última, el Omnisciente Maestro Poseedor de las Cuatro Confianzas, Dolpopa Sherab Gyaltsen, afirmó en su *Dharma de la montaña*:

Esta base de la vacuidad se enseña como la gran vacuidad, que es el modo profundo de ser de las cosas. Además, es la vacuidad última de lo otro. Se enseña porque posee la naturaleza de las ilimitadas cualidades iluminadas del dharmakaya. Puesto que no se trata de una vacuidad establecida meramente como una nada absoluta, esta vacuidad es especialmente excelsa y, por esta razón, recibe el nombre de "gran vacuidad". Como se dice en los sutras:

Se enseña que lo último es la sabiduría prístina de los nobles, la gran vacuidad y la gran liberación. Hijo de noble linaje, lo que se denomina "gran vacuidad" es precisamente eso. La perfección de la sabiduría (la esencia en la que la base y el resultado son inseparables) se conoce como "gran vacuidad".

Y también se dice:

En los textos profundos del mantra secreto, lo último se denomina "los cinco aspectos inmutables de la gran vacuidad", las cinco sílabas de la gran vacuidad y, como ha mencionado el glorioso Vajrapani, "lo que carece de aspectos, pero posee todos los aspectos". Es la causa (que no es creada por otras causas), la perfección de la sabiduría, la gran vacuidad dotada de todos los aspectos supremos.

Y:

El gran logro es la gran vacuidad que realmente existe en sus objetos aprehendidos, ya que precisamente eso es (la sabiduría primordial) autoconsciente de los yoguis.

El excelso señor del mundo, el segundo Kalki Pundarika, también ha dicho en su comentario 'Luz inmaculada':

> *La gran mente de todos los budas es la decimosexta fase final de la luna vajra, la sabiduría prístina innata, la gran vacuidad.*

Y:

> *Del mismo modo, el gran cuerpo de todos los budas es la gran vacuidad.*

Y asimismo:

> *La luz de la inmaculada luna vajra son las cinco sílabas inmutables de la gran vacuidad.*

Con estas palabras, entre otras, [la gran vacuidad] se presenta detalladamente en el comentario de la 'Luz inmaculada'. Además, muchas otras tradiciones textuales completamente auténticas también afirman que la base de la vacuidad, es decir, la vacuidad última de lo otro, se enseña con el nombre de "gran vacuidad". Debemos tener en cuenta que gran parte de estas tradiciones tienen precisamente a esto como la intención del significado.

Con estas y otras palabras, Dolpopa enseñó la base particular que es especialmente excelsa y supera lo ordinario. Como se menciona allí, la naturaleza no dual del dharmadhatu y la sabiduría primordial contituyen la base de la vacuidad de las apariencias relativas engañosas. Allí, en medio de las impurezas incidentales, todos los seres impuros moran de manera contaminada. La talidad de esto es la base no común o particular: la naturaleza búdica.

Además, en el *Comentario general sobre la enseñanza*, el Omnisciente Maestro Poseedor de las Cuatro Confianzas enseñó:

La base última del ser, junto con las impurezas, es de ese modo.

Además, tanto en el texto raíz como en el comentario sobre el *Continuo sublime*, escritos ambos por el más excelente de todos los hijos del Buda, el regente del Victorioso, el Bodhisattva Maitreya, se dice:

> *Los estados mentales afligidos son como estar enterrado en las profundidades de la tierra,*
> *Mientras que la naturaleza del Tathagata es como un tesoro precioso. Como se dice:*

>> *Al igual que en la casa de un hombre pobre,*
>> *puede existir bajo tierra un tesoro inagotable,*
>> *pero el hombre no lo sabe, y , carente de engaño o arrogancia,*
>> *ese tesoro tampoco le dice, "Aquí estoy".*

>> *Del mismo modo, el precioso tesoro que se oculta en la mente*
>> *es la naturaleza de los fenómenos que reposa inmaculada, sin nada*
>> *por purificar.*
>> *Al no darse cuenta de eso, todos los seres experimentan*
>> *continuos y numerosos, los sufrimientos del pobre hombre.*

> *Al igual que en la casa del pobre, un tesoro precioso está oculto, pero no se dice que el hombre sea su dueño porque él no tiene conocimiento de su existencia. Los seres sensibles son como ese pobre hombre en relación con el tesoro del dharma que reside en la casa de su mente. Para que puedan obtenerlo, nacen los sabios completamente puros.*

Cuando se enseña que la base está contaminada, dicha contaminación aparente se presenta solo desde la perspectiva de los seres sensibles que tienen la continuidad de la base como su esencia. Huelga decir que, aunque se afirme que está contaminada, la base en sí es primordialmente libre de máculas adventicias.

EL CAMINO

Las etapas para la realización completa de esta base particular son el significado oculto tanto del primero como del segundo giro de la rueda del Dharma. Sin embargo, en el camino particular de Kalachakra, mediante el yoga de las seis ramas de la etapa de consumación —el camino del significado definitivo de los tantras— se trabaja directamente con el gran gozo del dharmadhatu inmutable.

Esto ha quedado establecido por la experiencia de los grandes sabios de antaño que han practicado estos seis yogas. A través de este profundo camino supremo, incluso la gente común alcanza la vívida presencia de la luminosidad, los cuerpos primordiales de un Buda. Además, en el reino puro de Shambala, el resultado de la budeidad puede alcanzarse incluso en un solo año. Asimismo, aún en este mundo impuro, es posible establecer la unión de estos cuerpos en una sola vida humana. Como enseñó Dolpopa en el *Comentario general sobre la enseñanza*:

> *La parte final del camino es el yoga de las seis ramas.*

EL RESULTADO

Una vez más, el glorioso *Tantra de Kalachakra* dice:

> *En cuanto a lo que proporciona, esto otorga completamente el resultado de la budeidad.*

Este pasaje enseña el resultado no común o particular de la victoriosa tradición del Jonang. De este modo, como dijo el victorioso Maitreya en su *Continuo sublime*:

> *Como era antes, así es después,*
> *la naturaleza inmutable de los fenómenos.*

Aquí, aunque la base y el resultado son inseparables en realidad, desde la perspectiva temporal de un ser sensible, la base aparece como contaminada. Dicho ser establece la mera convención de que están separados.

El resultado de la budeidad se manifiesta cuando los individuos confían en las instrucciones orales de un maestro cualificado y practican el camino extraordinariamente profundo del yoga de las seis ramas. Gracias a este proceso, agotan gradualmente el conjunto de pensamientos conceptuales y discursivos dentro de sus continuos, así como todas las impurezas que constituyen los dos oscurecimientos del dharmakaya último, que es la mismísima naturaleza primordial, grandiosa y suprema.

No es que la naturaleza búdica se establezca como algo nuevo en el resultado, sino que, manifestándose como el sol siempre presente y libre de nubes que lo cubran, permanece eternamente en el interior de los seres sensibles. Nuestras propias cualidades distintivas se manifiestan por completo mediante el resplandor naturalmente claro e innato de la talidad. Sin embargo, desde la perspectiva de los individuos en sí, la percepción de su nueva transformación en talidad inmaculada recibe el nombre de "alcanzar el resultado". Como enseñó el Omnisciente en el *Comentario general sobre la enseñanza*:

El resultado último de la separación, el resultado, es de este modo.

Allí se explica brevemente que el resultado de esta tradición extraordinaria es, justamente, el resultado insuperable de la separación que posee la naturaleza de los cuatro cuerpos y las cinco sabidurías primordiales.

* * *

Una base que no es eternamente estable no es un refugio.
Un camino que carece de sabiduría prístina no puede liberar.
Un resultado que madura mediante el desarrollo no es eterno.
Que la causa y el efecto inseparables de la naturaleza búdica sean victoriosos.

CAPÍTULO TRES

Los siete tipos de concepciones erróneas

Al analizar las concepciones erróneas y los modos de no realización, se identifican siete concepciones erróneas relacionadas con: (1) la manera en que la realidad última es verdaderamente existente; (2) la manera en que la naturaleza de la talidad no surge de forma interdependiente; (3) la manera en que la talidad es un yo verdadero; (4) la manera en que lo relativo no aparece ante los budas; (5) la manera en que la talidad de la naturaleza búdica trasciende el reino de las palabras y los conceptos; (6) la manera en que lo relativo nunca ha existido; y (7) la manera en que no hay faltas al establecer la talidad como independiente.

1. LA MANERA EN QUE LA REALIDAD ÚLTIMA ES VERDADERAMENTE EXISTENTE

Muchos eruditos del Tíbet afirman que la naturaleza búdica es la base y el resultado inseparables que sostiene el Jonang, y que la verdad que se encuentra mediante la sabiduría primordial de la absorción meditativa de un ser noble es el modo último de ser de las cosas. Si bien concuerdan en que ésta es la naturaleza última, afirman que, aunque es verdadera, no existe verdaderamente. El razonamiento para afirmar que no existe verdaderamente es el siguiente.

Afirman que algo que verdaderamente existe no puede surgir de forma interdependiente y viceversa. Además, sostienen que todos los fenómenos existentes surgen de forma interdependiente. Para probar esta aseveración, se basan en los razonamientos sobre el surgimiento y la cesación de los cuatro extremos y en el surgimiento y la cesación de los cuatro límites.

Si tomamos una manzana como ejemplo, dirían que una manzana que existe convencionalmente se determina mediante el razonamiento de que no existe inherentemente como manzana. Esto es similar a decir, "la manzana existe, pero no existe". Desde la perspectiva de cómo habla la gente común, esta es una declaración contradictoria.

Aunque los dogmáticos expertos en lógica han presentado muchos razonamientos de este tipo, una manzana que se aprehende y se señala con el dedo existe como manzana. Esa manzana queda establecida por la experiencia de una manzana. Por lo tanto, en ese momento existen todas las formas, sonidos, olores, sabores, cualidades tangibles y demás aspectos que caracterizan a una manzana, ya que la esencia de cada uno de ellos queda establecida mediante la percepción. De ello se deduce que, en esta situación, podemos afirmar que la manzana existe como manzana.

Esta conclusión se acepta universalmente, de acuerdo con nuestra forma de hablar. Si la cognición válida establece que tal o cual fenómeno está presente, entonces ese fenómeno debe estar ahí convencionalmente. No es una respuesta válida afirmar que no están verdaderamente ahí en un sentido filosófico especial.

Además, cuando algo se percibe convencionalmente, la esencia de eso, que es el criterio para percibirlo, también debe existir de manera convencional. Esto se puede deducir a partir del significado directo de las palabras. Por ejemplo, si se percibe tierra, debe existir como tierra. Si se percibe agua, debe existir como agua, y así sucesivamente. Esto es indudablemente cierto. Del mismo modo, si decimos que algo es último, tiene que existir como último. Si decimos que es relativo, tiene que existir como relativo, y así sucesivamente. Esta es la manera en que el lenguaje funciona ordinariamente.

De acuerdo con el razonamiento genuino, lo que es verdadero y lo que existe verdaderamente no se distinguen como diferentes. Esto se enseña claramente en los sutras y en tratados como, por ejemplo, el *Sutra del descenso a Lanka,* donde se enseña sobre la verdad, diciendo:

Mahamati, la naturaleza de los fenómenos que yo y estos Tathagatas hemos comprendido, la existencia de los fenómenos, la naturaleza inmutable de los fenómenos, su talidad, su autenticidad y verdad: todo esto existe.

Del mismo modo, en los *Versos raíz sobre el camino medio* de Nagarjuna, él afirma:

Nirvana, la verdad única.

Asimismo, en su *Esencia del Madhyamaka Zhentong*, Jetsun Taranatha escribe:

Puesto que la sabiduría primordial y no engañosa de los nobles se experimenta, se establece como verdadera. Dado que es inmutable, es eternamente estable y permanente. La naturaleza búdica, que mora junto con las cualidades excelentes, tales como las marcas mayores y menores, se enseña con muchos sinónimos en todos los tantras del mantra secreto.

Posteriormente, en la *Distinción de los dos modos*, dice:

Puesto que el dharmadhatu último es verdaderamente existente, aunque no está vacío de sí mismo, es, no obstante, vacuidad. Esto se debe a que está vacío de todas las elaboraciones proliferantes, tales como el aprehensor, lo aprehendido y demás, que son distintas de ella misma.

En su *Raíz del camino medio del Gran Vehículo*, Taranatha habla de la naturaleza búdica, diciendo:

Establecida verdaderamente por la sabiduría primordial de los victoriosos, dado que es un objeto que se conoce, se realiza, se ve y se experimenta, está dentro del alcance de una sabiduría primordial discriminativa y autoconsciente.

Asimismo, en la *Gema que colma los deseos del camino medio,* dice:

Al reconocer que está libre de elaboraciones conceptuales, es verdaderamente existente.

Lo que se dice en estos pasajes que es verdadero también es verdaderamente existente. Además, si fuera posible que un jarrón no tuviera la esencia establecida de jarrón, o que el oro no tuviera la esencia de oro, entonces no se podrían verificar las afirmaciones sobre los jarrones y el oro. Sería imposible llegar a conclusiones mediante el razonamiento. Además, negar la existencia de lo que existe no da lugar a afirmaciones con un significado convencional. Los razonamientos que sólo juegan con palabras literales no son más que una mera simulación de razonamientos.

Si bien el extremo de la proliferación de etiquetas conceptuales es realmente inexistente para ellos, cuando estos postulados se convierten en un obstáculo para escuchar acerca del estado natural y contemplarlo, los beneficios y la felicidad resultantes serán realmente muy pequeños. Al final, no puede haber un enfoque genuino hacia tales objetos de razonamiento.

* * *

Sin existencia verdadera, el modo de ser de las cosas es una contradicción.
La vacuidad de sí mismo de la naturaleza de los dharmas es una contradicción.
Presentar doctrinas sin afirmaciones es una contradicción.
Es importante trascender los caminos que contienen contradicciones.

— El Bodhisattva Manjushri —
La encarnación viva de la sabiduría primordial.

2. LA MANERA EN QUE LA NATURALEZA DE LA TALIDAD NO SURGE DE FORMA INTERDEPENDIENTE

En los *Versos raíz sobre el camino medio*, el glorioso protector Arya Nagarjuna enseña:

> *No existe ningún fenómeno*
> *a menos que surja de manera interdependiente.*
> *Del mismo modo, no existe ningún fenómeno*
> *que no sea vacuidad.*

Por lo que respecta a este punto, en la tradición Jonang se entiende que la idea de que "no existen fenómenos que no dependan de algún otro fenómeno" significa que todos los fenómenos relativos surgen de manera interdependiente. Sin embargo, lo contrario es cierto cuando se trata de la naturaleza última de los fenómenos.

Algunos podrían pensar, "Bueno, si tal base existe, será ciertamente omnipresente, pero aunque afirmes que es vacuidad, su modo de existencia no es como el de la vacuidad". Para responder a esto, el excelso Maitreya enseñó:

> *La vacuidad inexistente es conocida,*
> *y del mismo modo la vacuidad existente,*
> *así como vacuidad de naturaleza. Si éstas se conocen,*
> *a eso se le llama "conocimiento de la vacuidad".*

Continúa diciendo:

> *Hay la vacuidad inexistente de lo imputado,*
> *la naturaleza existente de lo dependiente,*
> *y la gran vacuidad última de lo otro,*
> *completamente establecida.*

Así es como debe explicarse la vacuidad de acuerdo con de acuerdo con la visión de la tradición Jonang.

Además, no se puede decir que algo que surge de forma interdependiente tenga el mismo tipo de vacuidad que la naturaleza última de la realidad. Todo lo que surge de forma interdependiente está necesariamente vacío de sí mismo. En tal vacuidad en la que algo está "vacío de sí mismo", el significado de "vacío" es que un objeto conocible es inexistente en sí mismo. No significa nada más. En lugar de haber algún tipo de comprensión adicional, todas las demás formas de entender la "vacuidad de sí mismo" son sólo conjuntos de imputaciones conceptualmente impuestas.

El surgimiento interdependiente debe entenderse de la siguiente manera: (1) las causas y condiciones mutuas de los fenómenos y (2) el establecimiento interdependiente de los fenómenos que surgen de la dependencia mutua, que, por lo tanto, se etiqueta como "interdependiente". Estos objetos interdependientes están vacíos de sí mismos y, por tanto, son inexistentes. No hay otra manera de entender esto.

Por otra parte, si se presenta un silogismo lógico en el que el sujeto, el modo último de ser de las cosas—la naturaleza búdica—es incompatible con el surgimiento interdependiente, entonces se respondería de la siguiente manera: si la naturaleza búdica surgiera de forma interdependiente, existiría como una naturaleza dependiente de otra y, por tanto, carecería de independencia. Si ese fuera el caso, entonces la naturaleza búdica no trascendería la impermanencia y el sufrimiento. El estado último por el que hay que esforzarse en alcanzar no trascendería la impermanencia y el sufrimiento. Si eso fuera cierto, entonces no sería adecuado llamar "liberación" a lo último que alcanzan quienes se esfuerzan por la liberación. Además, aunque se diga que "lo último es la unión de la vacuidad y el surgimiento dependiente", no habría forma de unificar ambos dentro del estado natural, pues lo que está "vacío" significaría que es inexistente.

En la medida en que aceptemos el surgimiento dependiente, debemos estar de acuerdo también en que es real. Algo no puede ser real e irreal a la vez. De lo contrario, tendríamos que afirmar que lo real y lo irreal no son contradictorios para poder asegurar que la unión de vacuidad y el surgimiento dependiente pueda existir. Por esta razón, si aceptamos que lo real y lo irreal no son contradictorios, y también que lo funcional y lo no funcional no lo son, estaremos contradiciendo la propia doctrina y, aún más, la lógica.

Además, si uno hace semejante afirmación, ésta no tendrá sentido desde la perspectiva de la gente común de este mundo, ya que contradice directamente sus convenciones mundanas. También contradiría la enseñanza de que los budas no disputan el "yo" mundano. Cuando se explica de este modo, es necesario saber que el vacío de sí mismo y el surgimiento interdependiente no pueden explicarse de otro modo que como dos aspectos distintos.

Durante siglos, los expertos en lógica han afirmado que todos los fenómenos son vacíos de sí mismos y que surgen de forma dependiente. Sin embargo, en la actualidad, esas afirmaciones se consideran absolutamente supremas y, la mayoría de las veces, se aceptan sin más, sin analizarlas realmente. Si alguien las analizara, serían muy pocas las personas que harían semejantes afirmaciones. No sería difícil imaginar, incluso, que llegaran a desaparecer. Como dijo Gendun Chöphel, el señor de los sabios:

> *Todos los antiguos proclamaron la tradición de la visión.*
> *Todos los pensamientos de los modernos son ilusiones de mara.*
> *El reino del Dharma es la tradición del Tíbet.*

Estas palabras apuntan a una realidad importante respecto a la disposición natural de las personas, sobre la cual merece la pena reflexionar.

Lo contrario de las afirmaciones anteriores sobre la unión del surgimiento dependiente y la vacuidad es la enseñanza de que, en el modo último de ser de las cosas, la naturaleza búdica es el dharmakaya, en el que la base y el resultado son inseparables. Si uno puede lograr esa comprensión, entonces la naturaleza búdica es trascendente y va más allá del mero surgimiento dependiente de las causas y condiciones materiales. Sin que nos afecten las miles de refutaciones de los expertos en lógica, podemos adquirir confianza en los temas de lo vasto y lo profundo, y también familiarizarnos con esta verdad a través de la meditación.

La visión enraizada en la sabiduría primordial no conceptual es vasta y despreocupada. La experiencia y la realización surgen a medida que nos familiarizamos con la unión del propio continuo con la expansión de lo último. Cuando esto se logra, sin duda se alcanzarán todos los resultados y se cumplirán nuestros objetivos últimos. La percepción yóguica establece que el modo de ser de las cosas—la naturaleza búdica—es la naturaleza inmutable y eternamente estable.

Dado que esto es cierto, la naturaleza búdica trasciende necesariamente el surgimiento dependiente. Si comprendemos esta forma de pensar, aquellos que sólo han estudiado ligeramente la tradición textual se quedan estupefactos y sin recursos, citando estas palabras del antiguo erudito Nagarjuna:

No existe ningún fenómeno
a menos que surja de manera interdependiente.
Del mismo modo, no existe ningún fenómeno
que no sea vacuidad.

Como ya se ha explicado, el alcance de esta afirmación debe limitarse a los fenómenos relativos. Sin embargo, este pasaje es muy importante debido a la claridad de su significado, por lo que conviene volver a examinarlo. Cuando afirma, "No existe ningún fenómeno a menos que surja de manera interdependiente", el referente de la afirmación son *los fenómenos* (sct. dharma). No incluye ni siquiera una parte de *la naturaleza de los fenómenos* (sct. dharmata). No podemos considerar aquí que la naturaleza de los fenómenos—la naturaleza búdica—sea el sujeto. Por lo tanto, resulta evidente que Nagarjuna no está enseñando que la naturaleza de los fenómenos es el surgimiento dependiente.

Además, aunque la tradición Jonang acepta que los seis tratados de lógica de Nagarjuna son comentarios válidos sobre la intención del segundo giro, no considera que la naturaleza absoluta de los fenómenos

—la naturaleza búdica— sea su enfoque principal. Por lo tanto, estas obras no desacreditan la naturaleza búdica, ya que, como ha declarado el propio Nagarjuna:

> *Los sutras que enseñan la vacuidad,*
> *tantos como enseñó el Victorioso,*
> *todos ellos eliminan las aflicciones,*
> *pero no afectan la naturaleza búdica.*

Esto indica que todas las enseñanzas sobre la vacuidad que presentó el Victorioso tenían como propósito eliminar las aflicciones. Refutan las aflicciones que tienen sus raíces en el aferramiento propio de las dos formas del yo: el yo de las personas y la identidad de los fenómenos. Sin embargo, la naturaleza búdica, el fundamento de la vacuidad, nunca se ve refutada ni menospreciada. Estas mismas escrituras enseñan muy claramente que la naturaleza búdica —la extensión de la realidad o la verdad última en sí misma— no está vacía de su propia esencia.

Para mostrar que el modo último de ser de las cosas —la verdad última— no es una mera vacuidad vacía, el gran sabio, el bendito Buda, explicó en el *Sutra que enseña la ausencia de disminución y aumento*:

> *Shariputra, lo último debe realizarse con fe.*
> *Shariputra, "lo último" es una expresión verbal para la naturaleza*
> *de los seres sensibles.*
> *Shariputra, "naturaleza búdica" es una expresión verbal*
> *para el Dharmakaya.*

Algunos pueden preguntar entonces, "¿No es el significado intencionado de esos términos meramente el tipo de vacuidad en la que los fenómenos simplemente no se establecen en absoluto y son los potenciales causales de la budeidad?". Yo diría que no, porque lo que se enseña es la inconmensurable sabiduría prístina de la budeidad, que posee todas las cualidades búdicas ilimitadas.

Decir que lo último es el mero no establecimiento de los fenómenos y que la naturaleza búdica es el mero potencial de budeidad no se sustenta en modo alguno en las escrituras ni en el razonamiento. Por lo tanto, insistir en que estas afirmaciones son ciertas no tiene ninguna finalidad práctica. Si estas personas continúan insistiendo de esta manera, por su bien tendremos que hacer oraciones para que se detengan.

∗ ∗ ∗

Si hay naturaleza de los fenómenos, esta es la naturaleza búdica.
Si hay gran gozo, es contradictorio decir que es interdependiente.
Es contradictorio decir que lo vacío de sí mismo es lo último.
Es contradictorio decir que lo dependiente es lo último.

3. LA MANERA EN QUE LA TALIDAD ES UN YO VERDADERO

Entre los numerosos eruditos de la Tierra de las Nieves hay muchos que son arrogantes respecto a su conocimiento. Sus mentes están tan saturadas que apenas tienen espacio para considerar formas de pensar diferentes. En cuanto oyen palabras que no se ajustan a sus limitadas ideas, se disgustan. Estas personas sólo pueden ser objeto de compasión.

Independientemente de lo que piensen los demás, los jonangpas se refieren al modo último de ser de las cosas —la naturaleza búdica— como el yo último o verdadero. Se considera que este es el significado intencionado del Buda de Dolpo. En la enseñanza irreversible de la Era de la Perfección, se dice: "lo que no establece tendencias latentes es el yo".

Sería asombroso e increíblemente incoherente que alguien confundiera esta afirmación con la idea de que los bien conocidos objetos de refutación —el yo de las personas y la identidad de los fenómenos— no deben ser refutados. A esto se le llama "la visión incurable".

Dicha visión implica que no puede haber una contemplación o meditación genuinas que se ajusten a los diez sutras de significado definitivo, entre otros, que se encuentran en el giro final de la Rueda del Dharma del Buda, ni a los comentarios auténticos sobre esas enseñanzas. Sin embargo, cuando se medita sobre el modo de ser de las cosas conforme a estas escrituras, es posible tener signos claros de alcanzar una experiencia ininterrumpida. El glorioso y victorioso Jonangpa se refiere a este estado como el "yo". Una y otra vez, en los diez sutras del significado definitivo y en otros textos, este signo no se distingue más que por la palabra "yo".

Este yo último no se parece en absoluto a los dos tipos de yo que todos conocen como objetos de refutación y que se encuentran generalmente en los textos sobre madhyamaka y cognición válida. Este yo último se llama "naturaleza búdica" y "el modo último de ser de las cosas". Estos mismos términos se utilizan comúnmente en el Tíbet para referirse a la base última. En estos sutras, esta base no sólo se designa con el término convencional de "yo", sino también como "el gran yo", "el verdadero yo", "el yo absoluto", entre otros, debido a las muchas cualidades distintivas que posee.

Este hecho demuestra que estos términos se originaron exclusivamente a partir de las palabras del Victorioso y de los comentarios auténticos sobre su significado, escritos por nobles eruditos y practicantes de la India y el Tíbet. De ninguna manera fueron términos inventados por los Jonang. Como se dice en el *Sutra de la gran liberación*, traducido por Devachandra:

Aquí, "yo" se refiere a la naturaleza búdica. Aunque esta naturaleza del buda existe en todos los seres sensibles, queda oscurecida por los fenómenos aflictivos, de modo que estos no pueden ver su yo tal como es.

Además, el glorioso *Tantra de lo inmaculado* afirma:

*El yo colectivo de todos los budas
concederá rápidamente sus bendiciones.
El yo colectivo de todos los budas
es el yo de todos los budas combinados.*

De nuevo, en el *Sutra de la gran liberación* se dice:

La naturaleza búdica no carece por completo de yo. ¿Qué clase de fenó-
meno es el yo? Es verdadero, genuino, eterno, existente, soberano, inmu-
table e indestructible. Sólo eso debe llamarse "yo". Así, un gran médico es
conocedor de la leche medicinal.

En este caso, la "leche" es una metáfora de la naturaleza búdica. Mediante
esta analogía, se afirma que, aunque cierto tipo de leche puede ser un
excelente medicamento para subyugar a los seres, es posible que algunos
médicos no sepan cómo utilizarla. Esto puede deberse a su falta de habilidad para utilizar medicamentos en general o quizá a que se oponen
erróneamente a utilizar esta leche como medicina.

Del mismo modo, para aquellos que están apegados a un yo convencional, este yo es refutado en el segundo giro de la Rueda del Dharma.
Para quienes son capaces de comprender la ausencia del yo de esa manera, se enseña la existencia de un yo absoluto, que es la inseparabilidad de
la base y el resultado, como la "leche" en el *Sutra de la gran liberación* y
otros textos del giro final. Como dice:

Lo incondicionado es la gran liberación, aquello que trasciende la imper-
manencia. La permanencia es el yo, y ese yo es la pureza completa. Lo
que es completamente puro se llama "gozo". La permanencia, el gozo, el
yo y la pureza completa son el Tathagata.

Con respecto a lo que se enseñaba allí, el Omnisciente —el Gran Jonang-
gpa, el Maestro Poseedor de las Cuatro Confianzas, el Buda de Dolpo—
reunió muchos pasajes de sutras y tantras vastos como el océano, y, tras
desarrollar claridad sobre su significado, los explicó.

* * *

El yo engañado e inexistente está totalmente ausente.

No obstante, el yo supremo es la budeidad última.

Si el modo último de ser de las cosas no es un yo,

¿quién abandona entonces los oscurecimientos y logra las acumulaciones?

4. LA MANERA EN QUE LO RELATIVO NO APARECE ANTE LOS BUDAS

Aunque lo relativo no aparece ante los budas, estos nunca tienen la falta de no conocerlo. Esto se debe a que la intención del Victorioso y de su regente es que, aunque no surjan las apariencias engañosas de lo relativo, la talidad de lo relativo se conozca tal cual es.

Se enseña de esta manera porque todos los fenómenos convencionales surgen para los seres sensibles que están engañados respecto a la forma en que aparecen los objetos. Si afirmáramos que esos mismos fenómenos aparecen ante los budas, sería como decir que los budas están engañados.

Además, lo que es real en lo relativo, como el agua, por ejemplo, aparece de muchas formas diferentes, no sólo para los budas, sino también para los seres sensibles. Como se dice en el *Compendio del Gran Vehículo de Asanga:*

Dado que las mentes sobre una sola cosa son diferentes,

se afirma que no se establecen como lo último.

Como se dice ahí, para cada cosa existen muchas apariencias diferentes según la mente de los seres. Además, puesto que se supone que lo que se le aparece al buda es absolutamente verdadero —ya que pensar lo contrario sería una contradicción directa con el sentido del *Compendio del Gran Vehículo* de Asanga—, y sobre todo, porque la sabiduría prístina del buda es la sabiduría primordial que agota los dos oscurecimientos, no pueden ser la causa aproximada de las apariencias relativas.

Las apariencias relativas no tienen conexión con las apariencias inconmensurables de lo último, por lo que son mutuamente excluyentes. Cuando hay apariencias últimas, nunca surgen las apariencias relativas. Con respecto a esto, Maitreya dice en su *Distinción de los fenómenos y la naturaleza de los fenómenos*:

> *Cuando eso aparece, la naturaleza de los fenómenos no aparece, y cuando eso no aparece, la naturaleza de los fenómenos aparece.*

De este modo, se enseña claramente que lo relativo no aparece ante los budas. Esta es la intención de todos los auténticos Victoriosos y de sus hijos.

Aunque lo relativo no aparezca ante los budas, se conoce implícitamente la naturaleza de la realización. Si los budas comprenden cómo es lo relativo, aunque esto no aparezca, eso no contradice las escrituras ni los razonamientos correctos.

* * *

> *Las apariencias relativas aparecen sólo como engaños.*
> *Puesto que los budas perfectos han agotado para siempre los engaños,*
> *conocen todos los fenómenos relativos, pero no tienen apariencias falsas.*
> *Esto no lo saben los necios, sino los competentes.*

5. LA MANERA EN QUE LA TALIDAD DE LA NATURALEZA BÚDICA TRASCIENDE EL REINO DE LAS PALABRAS Y LOS CONCEPTOS

La verdad última que trasciende los conceptos sólo se manifiesta ante quienes están libres de engaños. Es el modo último de ser de las cosas. La verdad relativa consiste únicamente en apariencias engañosas y, por esta razón, las dos verdades han de ser siempre diferentes.

Además, cuando se capta algo perteneciente al ámbito de las palabras o los conceptos, debe etiquetarse como un fenómeno que se clasifica mediante expresiones específicas de significado. Dichas cosas se encuentran definitivamente dentro del reino del intelecto conceptual. Con respecto a esto, el Bendito Victorioso enseñó en el *Sutra del descenso a Lanka*:

El vehículo de la autoconciencia individual no es el reino de los versados en lógica.

Esta idea también se enseña en la *Gema que colma los deseos del camino medio* de Jetsun Taranatha, donde dice:

Si se realiza mediante conceptos, es una elaboración mundana.

Como dice ahí, todo lo que se aprehende como objeto conceptual es una elaboración engañosa. Puesto que tales elaboraciones son necesariamente inferiores y provisionales, nunca pueden considerarse verdades últimas. Sin embargo, refutar tales palabras fuera de contexto (como mucha gente tiende a hacer) equivale a afirmar que los referentes de expresiones como "naturaleza búdica" deben ser conceptuales, cuando en realidad se refieren a objetos no conceptuales. Esta idea queda completamente rechazada dentro de la presentación pura de nuestro propio sistema. Independientemente de lo que digan otras tradiciones, es muy importante que mantengamos la completa pureza de nuestra tradición inmaculada.

La razón de esto es que, del mismo modo que la esencia de la mantequilla surge al batir la leche, hace muchos cientos de años cada uno de los antepasados de nuestra tradición captó la esencia de las enseñanzas mediante la fe, el esfuerzo, la concentración meditativa y otros medios. Producir fabricaciones personales distorsionadas que contaminan esa esencia con el único propósito de guardar las apariencias ante los demás es un comportamiento extremadamente ofuscado. ¿No está claro?

Algunas personas con un nivel de comprensión limitado y una mente poco profunda temen que sus esfuerzos mentales no puedan avanzar si lo último no se encuentra dentro del ámbito de las palabras y los conceptos. Les preocupa mucho si podrán extender su propio punto de vista y defenderlo ante objeciones. Esto se debe únicamente a que estas personas con una comprensión limitada piensan que los seres humanos no tenemos otro método para conocer el modo de ser de las cosas, salvo las palabras y los conceptos.

Por lo tanto, piensan que todo lo que hacen quienes practican la escucha, la contemplación y la meditación en aras de realizar el modo no conceptual de ser de las cosas, de acuerdo con el tercer giro, es en vano. Según las enseñanzas de todos los sutras del último giro de la Rueda del Dharma y de todos los tantras del mantra secreto, el modo gozoso de ser de las cosas trasciende las palabras y los conceptos; por tal motivo, creen que esta realidad no puede manifestarse en su propia experiencia.

Debido a su deseo de promover sus propios propósitos personales y a su apego, entre otras cosas, a las palabras literales sacadas de contexto, estas personas lanzan afirmaciones falaces sobre supuestas consecuencias. Al presentar muchas líneas de razonamientos ficticios, tanto quienes desafían como quienes defienden en un debate de este tipo sólo están perdiendo su propio tiempo y el de los demás. Están desperdiciando este precioso cuerpo humano, con sus libertades y dones, que es más escaso y valioso que el oro. Además, dichos debates carecen de propósito y valor alguno.

Para entender por qué ocurre esto, cuando alguien dice que "lo último no es objeto de palabras y concepciones", quiere decir que la forma última en que son las cosas —la naturaleza búdica— está dotada de todos los aspectos posibles en su expresión. Decir eso no es ninguna falta de contradicción ni incongruencia.

Sin embargo, dado que los postulados sobre el "modo último de ser de las cosas" deben presentarse mediante palabras y conceptos relativos, necesariamente es una mente engañada por el significado de las concepciones abstractas la que los analiza. En este ámbito, es imposible que algo esté dotado de todos los aspectos posibles en su expresión. No obstante, el modo último de ser de las cosas escapa al alcance de las palabras y los conceptos, y está más allá de las explicaciones con términos que sí pertenecen a ese terreno. En las especulaciones individuales sobre el propósito y la capacidad de hacer tales afirmaciones, las mentes concluyen que lo último debe ser inexistente. Es importante darse cuenta de que tal conclusión resulta completamente infundada.

Dedicar tiempo inútilmente a un ejercicio mental superfluo, en el que la necesidad imaginada carece por completo de sentido, no es más que una discusión innecesaria. Gastar la propia energía en algo en lo que no es necesario hacerlo es simplemente una conducta errónea y un desperdicio de nuestras preciadas libertades y dones. Es importante saber que confiar la realidad más profunda de la mente a los siempre fluctuantes pensamientos discursivos es, en última instancia, una insensatez.

* * *

En las meras palabras y conceptos de lo relativo engañoso,
sólo pueden existir los propios objetos relativos.
Sin embargo, cuando se enseña el modo último de ser de las cosas,
¿cómo podría haber faltas o errores al centrarse en la mente más profunda?

6. LA MANERA EN QUE LO RELATIVO NUNCA HA EXISTIDO

Al explicar las formas en que lo relativo existe y no existe, es fundamental centrar la mente siempre en las dos verdades según sea apropiado. No existe una tercera explicación que no se base en estas dos verdades.

En particular, cuando se aprehenden realmente los objetos de negación en esta tradición de postulados filosóficos, una vez que se reflexiona sobre la base de la negación —la vacuidad o la verdad última—, se dice que lo refutado es inexistente en esa base. Del mismo modo, la existencia y la inexistencia relativas pueden explicarse al reflexionar sobre el modo final de existencia. De lo contrario, de forma inevitable, el modo final de existencia no sería final y la verdad última no sería última.

¿Por qué? En el sistema Jonang, los fenómenos relativos son necesariamente inexistentes, ya que "lo relativo" equivale a las "apariencias engañosas". Así, todo lo que se clasifica como apariencia engañosa es relativo. Conforme esas apariencias engañosas se agotan en la mente de un individuo, la esencia de su mente conocedora se manifiesta cada vez más. Finalmente, la mente de lo relativo se agota por completo y sólo queda lo último.

Esa mente de lo último inmaculado es la base de la vacuidad, la naturaleza búdica. Cuando se purifica, la mente se transforma en la completa no aparición de lo relativo. Cuando aún hay causas para la aparición de fenómenos relativos, eso no es una no aparición. Cuando ya no existen las causas para aparecer, hay no aparición. Así lo enseñó Taranatha.

En particular, en la Elocuente e inaudita explicación del *Sutra de la esencia de la sabiduría*, Taranatha enseñó que cuando se identifican los objetos de negación tanto de la vacuidad de sí mismo como de la vacuidad de lo otro:

De forma primordial, todos los fenómenos de la vista y el sonido no están establecidos. Por lo tanto, el espacio está impregnado de la sabiduría primordial inmutable y libre de toda elaboración. La ausencia de identidad de los fenómenos, su significado completamente perfecto y completamente puro, es lo sublime.

Como ahí se indica, se ha enseñado que, de forma primordial, todos los fenómenos aparentes de la vista y el sonido no están establecidos. Aunque son verdaderos en lo relativo, son inexistentes en lo último. No debemos intentar evitar la crítica de aquellos que se apegan a las meras palabras, rechazando nuestra propia tradición y afirmando que no tienen por qué ser inexistentes ahí.

Más bien, deberíamos responder diciendo que nuestra propia tradición textual también es inexistente en lo último. Como esto es así, nuestra tradición cumple la función de la inexistencia. Quien diga lo contrario, se aleja de las cuatro confianzas. Como enseñó Taranatha en el *Ornamento del Madhyamaka Zhentong*:

Dado que existe en lo relativo, se dice que es existente.
Sin embargo, al no existir en lo relativo, se dice que es inexistente.
A pesar de no existir en lo último, se dice que es existente.
Al no confiar en lo último, confía en lo convencional.

Cuando la conciencia existe realmente, se dice que es existente.
Cuando la conciencia no existe realmente, cumple la función
   de ser inexistente.
A pesar de que la sabiduría primordial no aparece realmente,
   se dice que "existe".
Tras abandonar la sabiduría primordial, confía únicamente
   en la mente.

En el Dharma que enseñó el Conquistador, esto es falso
   en su mayor parte.
Se dice que todos los comentarios auténticos son verdaderos.
Sin embargo, si la raíz es falsa, no es posible que los comentarios
   sean verdaderos.
Abandona el Dharma y confía en los individuos.

Al comprender la realidad mediante los dos tipos de negación,
los lógicos y los que son como ellos confían en las palabras.
Quienes mayormente dan lugar a las consecuencias de la vacuidad
   de sí mismo
se han alejado de las cuatro confianzas.

Lo que se enseña allí y en otros sitios queda muy bien establecido.

* * *

Aunque lo relativo nunca ha estado allí, ¡come el manjar y disfruta!
   Con la disciplina pura que abandona la negatividad
      y el aferramiento a la virtud,
no hay necesidad de fatigarse, ya que es seguro que no dará fruto.
   Los seres ilusorios también brindan alegría e inspiración.

7. LA MANERA EN QUE NO HAY FALTAS AL ESTABLECER LA TALIDAD COMO INDEPENDIENTE

Anteriormente, hablé de la forma en que los Jonang sostienen que el modo último de ser de las cosas se establece de manera independiente. Más adelante en este libro, presentaré varias pruebas para desmentir las faltas que surgen al pensar que esta es una visión similar a la de los no budistas teístas o que este posicionamiento filosófico no se vincula en absoluto con las escrituras y los razonamientos budistas. Dado que se trata de discusiones más bien técnicas, las he colocado más adelante para que podamos desarrollar gradualmente nuestro interés en estas sutiles formas de análisis.

Sin embargo, aquí me gustaría abordar brevemente el hecho de que, incluso ahora, algunas personas destacan que los Jonangpas afirman que la naturaleza de los fenómenos es un "establecimiento independiente". Por lo tanto, insisten en que la tradición Jonang se encuentra fuera del budismo y que, de alguna manera, intenta ocultar su naturaleza herética. Se trata de una acusación falsa y es importante eliminar estas críticas deshonestas. Estas tradiciones tendenciosas de crear dos bandos no hacen sino sustituir el pensamiento por disparates. Además, parece que no persiguen ningún gran objetivo o propósito.

La verdad es que la expresión exacta de "establecimiento independiente" no aparece en la tradición textual Jonang. Sin embargo, no tiene sentido debatir esta idea. Si lo hacemos, el mismo argumento bien podría aplicarse a todos los términos clave utilizados en las tradiciones textuales de todos los linajes tibetanos.

Si queremos comprobar si ciertas frases están presentes en los sutras y tantras, ¿cómo podríamos encontrarlas todas? Por ejemplo, en la tradición del Monasterio de Ganden se considera muy importante la expresión "lo que hay que refutar es la existencia inherente", aunque parece que esta frase no aparece completa en ningún sutra o tantra. Del mismo modo, resulta un requisito imposible esperar que todas las palabras importantes de los diversos linajes tibetanos aparezcan tal cual en los sutras y tantras.

Aunque en los sutras y tantras no se encuentran las palabras "estableci-miento independiente", afirmar que la visión Jonang no supera la imper-manencia del mundo externo es simplemente un sinsentido. De acuerdo con la visión de la Era de la Perfección, el Madhyamaka Zhentong del Omnisciente Maestro Poseedor de las Cuatro Confianzas, Dolpopa She-rab Gyaltsen, existen numerosas fuentes escriturales que explican cómo se "establece" la naturaleza de los fenómenos. Del mismo modo, también hay un gran número de escrituras y razonamientos que explican por qué dicha naturaleza es independiente, tal como se ha recopilado en las tra-diciones escriturales de los sutras y los tantras. Estas verdades son extre-madamente evidentes y claras, y dado que se presentan una y otra vez, se hacen cada vez más ciertas.

Si queremos explicar brevemente a quienes nunca han oído este plan-teamiento cómo se establece la naturaleza de los fenómenos de forma independiente, lo haríamos así: cuando se establece tal naturaleza, se observa que es real y eterna a la vez. ¿Cómo podría establecerse que la naturaleza de los fenómenos es algo irreal? Este enfoque evita hundirse en el pozo nihilista que piensa que es imposible que haya una naturaleza independiente de los fenómenos.

Una vez que se disipan todas las dudas, se dice que se ha establecido la naturaleza de los fenómenos. Esto se debe a que, necesariamente, el modo último de ser de las cosas no puede estar vacío de sí mismo, aunque defi-nitivamente debe estar vacío de todo lo demás. Si esa naturaleza no puede estar vacía de su propia esencia pero debe estar vacía de cualquier otra cosa que no sea ella misma, entonces se considera que está "establecida".

Dado que este no es un aspecto que pueda refutarse mediante la elimi-nación, existe en forma de todas las innumerables cualidades ilumina-das. Por lo tanto, la naturaleza búdica está dotada de todos los aspectos. Sin contradicciones ni incongruencias, se demuestra que la naturaleza búdica es eterna. Puesto que es eterna, entonces no puede considerarse un ente relativo. Si la naturaleza búdica fuera un ente relativo, no podría manifestar todas las cualidades iluminadas ni estar dotada de todas las cualidades supremas.

Por todas estas razones, el modo último de ser de las cosas, la naturaleza búdica, se establece como algo que trasciende la dualidad de los entes y no entes relativos. Por tanto, la naturaleza de los fenómenos necesariamente se establece de forma independiente. Este modo último de ser de las cosas trasciende los fenómenos relativos que se encuentran vacíos mediante la negación no afirmativa.

Los entes que se establecen mediante una imputación no pueden establecerse como fenómenos independientes. La naturaleza búdica debe ser la verdad última o el modo último de ser de las cosas. Si no es independiente, entonces debe depender de otros, lo que significa que es un surgimiento dependiente. Esto implicaría que la naturaleza búdica es impermanente, lo que a su vez significaría que debe ser sufrimiento. Surgirían todas esas consecuencias absurdas. Por lo tanto, la naturaleza búdica no podría ser la naturaleza de los fenómenos. Mediante la negación no afirmativa, se descubriría que es algo irreal.

Finalmente, por lógica se sigue que es necesariamente inexistente porque es necesariamente algo vacío de sí mismo. Esto se debe a que "vacío de sí mismo" e "inexistente" son equivalentes. Esto es conocimiento común. En particular, si algo no está vacío de otro, entonces debe estar vacío de sí mismo y, por tanto, ser inexistente. Esto significa que, si las cosas están vacías de sí mismas, entonces el estado natural último de todos los fenómenos debe ser la nada absoluta.

Por esta razón, sugiero que sería mejor para todos los exponentes de doctrinas, sin importar quiénes sean, que, en lugar de sostener una visión de negación no afirmativa que implica la nada, mantuvieran que lo último está libre de elaboraciones conceptuales. También es apropiado decir que está "libre de toda afirmación".

En resumen, si uno sostiene que el modo último de ser de las cosas está vacío de su propia esencia, eso no difiere de sostener que es una negación no afirmativa. En otras palabras, es lo mismo que decir que la naturaleza de los fenómenos es inexistente. Si hacemos esto, entonces sólo hay una única verdad relativa. De esta afirmación insensata se derivarían faltas ilimitadas.

Por lo tanto, la verdad última —la gran vacuidad que está vacía de lo otro— necesariamente se establece como real. De lo contrario, lo último sería inexistente. La base de la vacuidad sería inexistente. La base de la purificación de los oscurecimientos también sería inexistente. Éstas son sólo algunas de las muchas otras faltas irreversibles que se producirían.

Ésta y otras enseñanzas especialmente grandiosas de la Era de la Perfección —así como de la subsiguiente Era de las Tres Partes y otras— proclaman que la naturaleza de los fenómenos se establece de forma independiente. Entonces, ¿la naturaleza de los fenómenos se niega o se afirma? Sin lugar a dudas, se afirma rotundamente. En *Distinción de la visión*, el Omnisciente Dolpopa enseñó la manera en que esta afirmación definitiva debe establecerse como un fenómeno real:

Lo último no vacío se establece por sí mismo.
Por lo tanto, existe como verdad sin engaño.
Esa existencia es la existencia primordial.
Se establece como la naturaleza intrínseca.

La negación se establece mediante la refutación.
Lo establecido se niega mediante la refutación.
Lo establecido es el modo en que las cosas son realmente.
Tal es la tradición de los competentes.

Asimismo, como menciona en el *Dharma de la montaña*:

Con respecto a esto, debido a que la naturaleza no surge de causas y condiciones y no está fabricada (sino que surge de forma natural e independiente), se enseña que no depende de nada más que de sí misma.

Por tanto, una vez establecida, no puede considerarse como un ente relativo. Taranatha hace eco de esto en su *Apariencia supremamente clara de la unión:*

Según la opinión mundana, si se tiene la certeza de que en una cueva hay un león, se puede comprender directamente que allí no se encontrará un zorro; o si se tiene la certeza de que ha salido el sol, se puede entender directamente que no hay oscuridad. Así, con la certeza de que la sabiduría primordial última ha existido primordialmente en los tres reinos, entonces se puede comprender directamente que los tres reinos de la conciencia conceptual relativa nunca han existido de manera primordial.

Por lo tanto, al meditar en el gozo y la forma vacía, se revierte tanto la fijación a los entes relativos así como su aparición como cosas reales. Esta unión de la forma vacía y el gozo inmutable trasciende los extremos de los entes y los no entes, de la existencia y la inexistencia, de lo que "es" y lo que "no es". Por lo tanto, es lo último no compuesto.

El establecimiento de los entes relativos nunca es independiente. Sin embargo, cuando no hay razonamiento, uno los toma por entes reales.

Estas palabras indican que, si se insiste en imponer tal visión, se experimentarán muchas consecuencias absurdas. La libertad de los extremos de tu tradición ciertamente impone las cosas reales y la no existencia. Sin embargo, ¿qué sentido tiene responder a esto, pues haces lo mismo sin razonar?

Habrá quien diga que la tradición textual en la que se exponen estas palabras no es, en general, una visión budista y que, sin duda, es el lenguaje de los no budistas teístas. Ante esto, yo respondería que pensar que el modo de ser de las cosas y la verdad son siempre inexistentes es simplemente una forma inferior de aprehender la visión suprema y que se debería abandonar el aferramiento a este tipo de etiquetado conceptual burdo.

* * *

Puesto que es el modo de ser de las cosas, no es la mera ausencia de negación.
Lo que se establece sin contradicción ni incongruencia es la extensión suprema.
Lo que se establece como eternamente estable es independiente.
Puesto que es independiente, no depende de otros.

CAPÍTULO CUARTO

Las dieciocho cualidades únicas de la visión Jonang

La visión Jonang puede explicarse mejor a partir de dieciocho cualidades únicas: (1) ser exclusiva; (2) poseer una gran seguridad; (3) ser profunda y firme; (4) ser armoniosa; (5) ser completamente libre; (6) poseer el significado profundo; (7) ser incontrovertible; (8) ser fuerte; (9) ser pura; (10) ser clara; (11) estar libre de engaños; (12) penetrar en el significado más profundo; (13) estar libre de errores; (14) estar arraigada en la práctica; (15) poseer un enfoque íntimo; (16) ser experiencial; (17) poseer unidad; y (18) ser incomparable.

1. LA CUALIDAD ÚNICA DE SER EXCLUSIVA, GRACIAS A SU CAPACIDAD PARA DISTINGUIR ENTRE DHARMAS COMPLETOS E INCOMPLETOS

En las enseñanzas de los linajes tibetanos, generalmente podemos identificar claramente cuatro eras: la Era de la Perfección, la Era de las Tres Partes, la Era de las Dos Partes y la Era de los Conflictos. Podemos considerar estas eras de dos maneras: (1) como tiempos buenos y malos que surgen sucesivamente debido al karma compartido de los seres sensibles, y (2) como la calidad del dharma en los períodos de adiestramiento en las enseñanzas sagradas. No obstante, en este caso también se valoran en relación con el mero significado de ese Dharma.

El incomparable Omnisciente Maestro Poseedor de las Cuatro Confianzas hizo muchas grandes distinciones. Estas distinciones incluyen distinguir la verdad, distinguir lo real de lo irreal, distinguir lo permanente de lo impermanente y distinguir lo último de lo relativo, entre otras. Cuando hablamos de estas distinciones desde la perspectiva de la visión, si se explica un poco la presentación a partir de las características únicas que distinguen a la visión, ésta puede diferenciarse en términos del grado de ignorancia y engaño que no entra en el modo último de existencia que se realiza finalmente.

Con respecto a esto, el maestro Padmasambhava ha dicho:

El tiempo no cambia. Los humanos cambian.

Allí se enseña que no hay razón para culpar a los tiempos, ya que la perspectiva de los seres humanos es la que cambia. Del mismo modo, la visión del Omnisciente Maestro Poseedor de las Cuatro Confianzas, el Buda de Dolpo, que brota de la mente excelsa de la gran sabiduría primordial, es la forma de identificar el Dharma de la Edad de la Perfección. A continuación están la Era de las Tres Partes, la Era de las Dos Partes y, posteriormente, la época de degeneración, la Era de los Conflictos. Este es el método extraordinario para clasificar la visión.

La visión en esta época se relaciona con la intención de los tres giros de las ruedas del Buda completamente victorioso, así como con las explicaciones de su regente, Maitreya, y los comentarios de los Reyes del Dharma y Kalkis de Shambala que le siguieron. Por ejemplo, están los comentarios de la emanación de Vajrapani, el Rey del Dharma Suchandra; de Manjughosha, emanado como el Rey Kalki Manjushri Yashas; y de Avalokiteshvara, emanado como el Rey Kalki Pundarika, entre otros.

Sin embargo, los intelectuales que no comprenden esta intención o la comprenden erróneamente distorsionan tanto su significado que no se adentran en él lo más mínimo. La intención completamente pura del Buda Bhagavan es el Dharma de la Era de la Perfección. Las visiones de la Era de las Tres Partes, la Era de las Dos Partes, y demás, definitivamente no son iguales a esa visión genuina y final.

Con respecto al grado de distorsión introducido por los intelectuales, durante la Era de las Tres Partes se dice que tres partes de la visión son puras, mientras que una parte está distorsionada. Luego, gradualmente, surge la Era de las Dos Partes, en la que hay dos partes puras y dos partes distorsionadas. Le sigue la Era de los Conflictos, en la que sólo una parte es pura. Al final de esta época, todas las partes se han distorsionado. Como resultado de estas distorsiones, surgen las faltas derivadas de la carencia de realización y los conceptos erróneos. Es de esta manera como deben entenderse las eras.

En la Era de la Perfección, cuando la visión no está velada por distorsión alguna, la visión y la doctrina completamente correctas del madhyamaka zhentong existen tal y como las propuso el Omnisciente Buda de Dolpo. En pocas palabras, la visión del modo de ser de las cosas en la Era de la Perfección no está distorsionada porque no entra en las distorsiones de las características conceptuales. Después de la Era de la Perfección, el paso gradual a eras sucesivas que conducen a la degenerada Era de los Conflictos se considera el método de clasificación exclusivo.

En el *Cuarto Concilio*, el Buda de Dolpo enseña:

Quienes desean adentrarse en el buen camino del sí mismo y de lo otro son testigos del excelente Dharma de la Era de la Perfección y lo reciben en sus coronillas.
A partir de la Era de las Tres Partes en adelante hay faltas.
Como la leche en un mercado, las fuentes se contaminan.

También:

La naturaleza búdica parece ser la base de la liberación.
¿No es la base de la liberación de las impurezas incidentales?
La naturaleza búdica parece ser la base del aislamiento.
¿No es la base del aislamiento de las impurezas incidentales?

La naturaleza búdica parece ser la base de la pureza.
¿No es la base de la pureza de las impurezas incidentales?
La naturaleza búdica parece ser la base de la inexistencia.
¿No es la base de la inexistencia de las impurezas incidentales?

Si se hacen afirmaciones de este tipo, existen faltas inconmensurables.
La tradición de la Era de la Perfección carece de estos defectos y faltas.
Las afirmaciones que clasifican todos los objetos conocibles como entes
*   o no entes*
es la tradición de la Era de las Tres Partes.

Aunque el camino medio de la naturaleza de los fenómenos
es el más excelente objeto de conocimiento,
no es ni ente ni no ente. Sin embargo,
la explicación de una tercera alternativa es la Era de la Perfección.

Esta tradición de la visión de la Era de la Perfección es mucho más excelsa que todas las demás. Aunque aquí no se presenta con todo detalle, podemos conocerla a través de los muchos aspectos expuestos en el Cuarto Concilio y otros textos extensos escritos por el Omnisciente Maestro Poseedor de las Cuatro Confianzas, y sus hijos.

✳ ✳ ✳

El tesoro del Dharma de la Era de la Perfección transforma el samsara de este mundo.
*   Sólo el Buda de Dolpo sabía clasificarlo correctamente.*
En esta gran base hay una paz y una armonía gloriosas, compatibles con todo.
Si quieres entrar ahí, adéntrate en el Dharma completo de la Era de la Perfección.

2. LA CUALIDAD ÚNICA DE POSEER UNA GRAN SEGURIDAD, GRACIAS A QUE CONOCE CLARAMENTE LA INSEPARABILIDAD DE LA BASE Y EL RESULTADO

Con respecto al modo en que la budeidad real reside en la base durante el tiempo de la base, el glorioso protector Nagarjuna ha enseñado en su *Elogio al Dharmadhatu*:

Todos aquellos que no la conocen
dan vueltas eternamente en los tres reinos.
Ante la extensión de los fenómenos,
que se encuentra en todos los seres, ¡me inclino y rindo homenaje!

Aquello que se convierte en la causa del samsara
se purifica con la talidad.
Esa pureza misma es el nirvana.
Incluso el dharmakaya es talidad.

Según se dice aquí, la naturaleza de los fenómenos, su modo último de existencia, tiene tres etapas: (1) la base en la etapa de un ser sensible; (2) la base en la etapa de los caminos de acumulación, preparación, visión y familiarización que recorren todos los seres ordinarios y nobles; y (3) la base en la etapa del resultado manifiesto, la budeidad. En los tres casos, el modo real de ser de la base es siempre el mismo.

Por ejemplo, para un ser sensible que da vueltas en la existencia cíclica, existen tres etapas: la primera, en la que es un ser sensible normal; la segunda, en la que se adentra en el camino, y la tercera, en la que alcanza la budeidad. Aunque a la hora de clasificarlos podemos afirmar que estas tres divisiones son diferentes, en términos del aspecto de nuestra propia naturaleza —la naturaleza búdica— nunca se experimenta que haya cambiado.

Como dijo el Victorioso Maitreya en el *Continuo sublime*:

Como era antes, así será después;
es la naturaleza inmutable de los fenómenos.

Así pues, es imposible que la naturaleza búdica sufra el más mínimo cambio en ninguno de esos momentos. Si nuestra naturaleza búdica pudiera ser diferente durante la base, el camino y el resultado, entonces el resultado final, la budeidad, sería necesariamente algo impermanente y compuesto. Si así fuera, la budeidad no sería más que sufrimiento y no diferiría de los demás fenómenos relativos del samsara. Como podemos ver, de esto surgirían faltas ilimitadas.

Además, algunos dicen que, aunque el modo de existir no está condicionado, es un fenómeno negativo no afirmativo. Esta visión también incurre en las faltas mencionadas anteriormente. Lo mismo ocurre con el punto de vista que sostiene, sin reservas, que lo último es estar libre de elaboraciones. Estos puntos de vista quedan invalidados por escrituras como el *Sutra del Tathagatagarbha*, donde se dice:

Al igual que en la casa de un hombre pobre,
puede existir bajo tierra un tesoro inagotable,
pero el hombre no lo sabe, y, carente de engaño o arrogancia,
ese tesoro tampoco le dice, "Aquí estoy".

Como se menciona allí, incluso en la etapa en que existe como ser sensible, la base existe como las cualidades intrínsecas de la budeidad. Por esta razón, se afirma que la base y el resultado son inseparables.

Además, uno podría pensar que, si bien la budeidad del modo de existir último, surgida de forma natural, debe existir dentro del continuo mental de un ser sensible, ¿cómo es posible que las apariencias de los fenómenos relativos recién surgidos en sus mentes puedan ser la realidad última de la budeidad que está oculta dentro de sus continuos mentales? Si así fuera, aunque la budeidad última pudiera residir en los continuos mentales de los seres sensibles, no aportaría ningún beneficio. Los seres sensibles seguirían sufriendo dentro de la realidad dependiente de lo otro, por lo que

¿no se estaría llegando a la conclusión errónea de que la budeidad última, es decir, la naturaleza búdica, es esencialmente impotente?

A esto respondería que, ciertamente, es posible pensar así. Sin embargo, aunque una persona pobre reciba una gran cantidad de oro de otra persona, si no reconoce que su naturaleza, no podrá disfrutar de sus beneficios. Para él, el oro parecería inútil; sin embargo, en realidad no lo es.

O dicho de otro modo, aunque una madre muy bondadosa presente a su hijo tonto a un maestro del camino, es posible que ese niño no lo escuche y que se enfrente a adversidades. Eso no es culpa de la madre.

Del mismo modo, como el cielo y la tierra son tan vastos, tienen capacidad para albergar todo tipo de cosas, tanto buenas como malas. Sin embargo, no culpamos al cielo ni a la tierra de nuestras malas acciones.

Pensar, por ejemplo, que la naturaleza búdica es impotente, no es más que una concepción errónea. Puesto que la fortuna sutil del Dharma sagrado existe dentro de todos los seres sensibles, hay signos genuinos de que la naturaleza de los fenómenos reside en sus continuos mentales. Como enseñó Jetsun Taranatha en la *Gema que colma los deseos del camino medio*:

De la luz de la budeidad surgen pensamientos virtuosos.
Al florecer la virtud, las apariencias engañosas se purifican tal cual son.

Shantideva también enseñó al respecto en la *Conducta del Bodhisattva* donde dice:

Como un relámpago con su resplandor ilumina
por un instante una oscura noche nublada,
aparecen en el mundo, por el poder del Buddha,
pensamientos virtuosos, rara y fugazmente.

Es tal y como se dice allí. Los kayas primordialmente absolutos y la sabiduría prístina que surge naturalmente, clara y perfecta con todas las marcas mayores y menores, se encuentran de forma primordial en todos los seres. El bendito Buda proclamó esto en el supremamente excelente *Sutra del Tathagatagarbha*:

> *En todos los seres sensibles está la naturaleza de los fenómenos como yo,*
> *que existe envuelta en cientos de estados mentales aflictivos.*
> *El Dharma se enseña para que su naturaleza pueda rápidamente*
> *convertirse en victoriosa mediante las purificaciones necesarias.*

Estas palabras indican que el modo de existencia de la budeidad, en el que la base y el resultado son inseparables, se explica junto con la necesidad de enseñar el Dharma para que esta budeidad oculta pueda manifestarse realmente. Como se dice en el *Sutra de Angulimala*:

> *Dentro de todos los seres sensibles existe el espacio ilimitado de la esfera de*
> *la Budeidad no fabricada, adornada con las marcas mayores y menores.*

También se dice en el *Tantra abreviado de Hevajra*:

> *Los seres sintientes son la budeidad misma.*
> *Sin embargo, están oscurecidos por las impurezas incidentales.*
> *Cuando estas impurezas desaparecen, se convierten en auténticos budas.*

Esto enseña que, una vez que el modo de existencia de la mente deja de estar oscurecido por las impurezas, los seres sensibles son en realidad budas. El *Tantra abreviado de Kalachakra* expresa una idea similar:

> *Si la mente se purifica, se convertirá en señor de los victoriosos.*
> *¿De qué sirven otros victoriosos?*

También, en el *Continuo Sublime* se dice:

> *La conciencia inmaculada que existe en los seres sensibles es como la miel.*

Asimismo, Nagarjuna afirma en el *Elogio al Dharmadhatu*:

La sabiduría primordial se halla entre las aflicciones,
mas permanece ahí sin contaminarse.

De acuerdo con lo que se dice en los sutras, tantras y tratados más elevados, ésta es la conclusión suprema del razonamiento tanto del agente como de la acción. Como se dice:

Por el camino conocido como "meditación",
¿qué se experimenta y qué se alcanza?
Cualquiera que sea la iluminación,
así se establece la meta deseada.

Esto significa que el camino de la preparación o de la meditación abandona el modo contaminado en que aparecen las cosas. El modo en que las cosas existen realmente, el dharmakaya, se libera de forma natural, como el sol que emerge de las nubes. Aunque los seres experimenten impurezas, en realidad están primordialmente unidos y vinculados en su esencia. Según el Victorioso, su regente y sus seguidores, en el continuo mental de todos los seres reside primordialmente un buda en el que la base y el resultado son inseparables, completo con todas las marcas mayores y menores.

Si esto se expresa correctamente, la excelente visión de la Era de la Perfección se hace realidad gracias a esta explicación insuperable y precisa. Esta visión, que no puede ser derrotada, no surge en las eras subsiguientes, como la Era de las Tres Partes y las demás. Esta es la extraordinaria explicación que destacan los gloriosos y victoriosos Jonangpas.

* * *

Si el buda real no reside como la base,
entonces no puede ser un absoluto permanente.
¿Cómo podría un buda creado impermanentemente
ser mejor que un fenómeno del samsara?

3. LA CUALIDAD ÚNICA DE SER PROFUNDA Y FIRME, GRACIAS A QUE CONOCE LOS VEINTE SUTRAS DE SIGNIFICADO DEFINITIVO

Con claros signos de haber realizado correctamente la intención del Victorioso, el Omnisciente Buda de Dolpo, el Maestro Poseedor de las Cuatro Confianzas, enseñó un maravilloso camino de medios hábiles a los seguidores afortunados y aptos para ser cultivados por él, y los condujo a realizar la visión correcta. Como se dice en la *Raíz del camino medio del Gran Vehículo* de Jetsun Taranatha:

Los sutras de significado definitivo, los señores del décimo nivel
y los nobles excelentes que especificaron cómo distinguir lo provisional
*   de lo definitivo,*
como Arya Asanga, ornamento de la coronilla de los sabios,
Arya Nagarjuna y otros que revelaron la introspección libre
*   de elaboraciones.*

Al apoyrase excelentemente en su discurso auténtico,
abandonaron la confusión y los actos engañosos de aquéllos que,
inflados de arrogancia y renombre como grandes carruajes,
carecían de convicción en estas palabras.

Como se dice allí, debemos depender de la insuperable habilidad de las enseñanzas extraordinarias y distintivas para saber cómo clasificar lo provisional y lo definitivo. Los textos de los tres giros de la rueda del Dharma no se clasificaron en función de su orden temporal, sino de su contenido. Los sutras de significado definitivo e irreversible que pertenecen al último de los tres giros, es decir, los sutras supremos e insuperables que contienen cientos de puntos esenciales sobre las visiones y doctrinas de la vacuidad de lo otro, el gran camino del medio, se reunieron en un solo lugar en los grandes tratados que trazaron las fuentes originales de estas instrucciones fundamentales. A partir de ellos, podemos establecer la siguiente lista de textos:

1. El Sutra sobre la esencia del Tathagata
2. El Dharani para adentrarse en lo no conceptual
3. El Sutra del rugido de león de Shrimaladevi
4. El Sutra del gran tambor
5. El Sutra para beneficiar a Angulimala
6. El Sutra de la gran vacuidad
7. El Sutra que presenta la gran compasión del Tathagata
8. El Sutra que presenta las cualidades inconcebibles y la sabiduría primordial del Tathagata
9. El Sutra extenso de la gran nube
10. El Sutra de la gran liberación

Estos diez se conocen como los 'diez sutras de la esencia', que enseñan la intención del Victorioso, la realidad esencial que es el modo último de ser de las cosas. También encontramos los 'diez sutras de significado definitivo' que se enumeran a continuación:

1. La Perfección de la sabiduría en quinientas estrofas
2. Las Respuestas a las preguntas de Maitreya
3. El Sutra Ghanavyuha
4. El Sutra de la concentración milagrosa que alcanza la paz perfecta
5. El Sutra de la nube de joyas
6. El Gran sutra de la sublime luz dorada
7. El Comentario definitivo sobre la Intención
8. El Sutra del descenso a Lanka
9. El Sutra del ornamento de la apariencia de la sabiduría primordial
10. El Sutra Avatamsaka

Posteriormente, gracias a su insuperable sabiduría, Dolpopa, el omnisciente señor del Jonang, refinó y esclareció el significado de estos 'diez sutras de significado definitivo' y 'diez sutras de la esencia' de las ochenta y cuatro mil colecciones de dharma del Victorioso. Ninguno de los eruditos comunes de la India ni del Tíbet había hecho esto antes. El excelente

Sherab Gyaltsen, con su inigualable e inmaculada sabiduría, también utilizó su razonamiento completamente correcto para refutar a aquellos que otras tradiciones consideraban maestros especiales, grandes o eminentes, como Haribadhra, el glorioso Chandrakirti y otros. Se apoyó ampliamente en las enseñanzas del Victorioso y su regente, el Señor Maitreya, de modo que todos sus argumentos estaban bien fundamentados.

Además, de entre los 'diez sutras de significado definitivo' en los que el propio Victorioso dilucidó su propia intención, el *Comentario definitivo sobre la intención* enseña claramente que tanto el primero como el segundo giro del Dharma tienen un significado provisional. Sólo el significado del giro final del Dharma debe considerarse definitivo.

Para establecer esta clasificación como el fundamento que explica la intención de los seis ornamentos que embellecieron este mundo —tales como los dos Supremos, entre otros—, podemos parafrasear el *Dharma de la montaña* de Dolpopa. En él, el autor afirma que esta visión y doctrina del camino medio de la vacuidad del otro, que se determinó como la intención última del Victorioso, es una enseñanza extraordinariamente especial de la que los demás carecen. Contiene los medios para realizar la intención del Victorioso, tal como ocurre con el surgimiento de la maravillosa sabiduría discriminativa. Por lo tanto, no habrá gran pérdida si se reconoce lo especial de esta enseñanza extraordinaria y distintiva. Es importante saber esto. Así, los bodhisattvas han explicado claramente la intención de estos sutras. Esto resulta innegable.

Además, la explicación más importante de la intención de estos sutras —el tema principal del *Dharma de la montaña*— muestra los medios hábiles del autor, el rey omnisciente del Dharma. En ella, el absoluto luminoso en el que la base y el resultado son inseparables se presenta como la sabiduría primordial no compuesta, surgida de forma natural y dotada de todos los aspectos supremos. Esta presentación se extrae de un gran número de escrituras, tanto del sutra como del tantra, y se enseña mediante numerosos ejemplos y explicaciones de su significado. A través de las numerosas puertas de su instrucción oral, proporciona a sus afortunados estudiantes un medio para hacer realidad esta realización.

Asimismo, en un comentario basado en los apuntes de un estudiante sobre la *Comprensión de los comentarios sobre el camino medio del Gran Vehículo* de Jetsun Taranatha se dice:

Así, en general, esta enseñanza del significado definitivo se expone en todas las palabras del Victorioso, y en particular en las principales del significado esencial, los diez sutras del significado definitivo y en los cinco excelentes tratados del bodhisattva de décimo nivel, Maitreya.

Los compuestos por Manjushri, como las instrucciones orales de la 'Enseñanza breve que establece la visión', entre otros, así como la 'Trilogía del bodhisattva' y demás, son los comentarios especiales sobre la intención. También están las enseñanzas del propio Victorioso, que distinguen claramente lo provisional de lo definitivo. Entre ellas, el 'Tantra raíz de Manjushri' profetiza:

"El monje al que se llamará Asanga será competente en el significado de los tratados y en la distinción de los sutras de diversas clases. Él revelará al mundo lo que es el significado provisional y el definitivo. Aparecerá para escribir la doctrina".

Como se dice allí, sólo es posible adentrarse en este tema a través de los escritos sagrados del venerable Asanga —el excelente Noble que mora en el tercer nivel del bodhisattva— y los de su hermano, el maestro Vasubandhu —el ornamento de la coronilla de todos los eruditos de este mundo y afamado como un segundo Buda—. También se debe tener en cuenta la maravillosa tradición textual de los seis ornamentos excelentes que embellecieron este mundo —tales como Dignaga, el glorioso Dharmakirti, entre otros—, así como las obras del noble Nagarjuna —el realizador de la visión de la sabiduría prístina libre de elaboraciones que fue profetizado por el Victorioso— y sus seguidores, además del famoso maestro Chandragomin, Shantideva, y muchos otros seres sagrados.

Además, se dice:

Hubo otras personas, además de las de la India y las del Tíbet, que compusieron muchos tratados y se arrogaron injustificadamente el ser grandes carruajes. Estos individuos están separados de la tradición de los verdaderos carruajes. Eran personajes renombrados, famosos en todas partes. Sin embargo, a pesar de su gran conocimiento analítico, no lograron comprender correctamente el significado intencionado definitivo. Aunque poseían un aspecto de sabiduría discriminativa, no tenían méritos suficientes, por lo que no lo comprendieron correctamente. Por lo tanto, ignoraban ridículamente el significado definitivo e, incluso si lo entendían un poco, sus mentes eran engañosas en lugar de honestas. Las palabras engañosas que utilizaron para componer sus tratados no son de fiar y deben ser dejadas de lado.

Como se indica allí y en otros pasajes, el significado definitivo se enseña en los tratados de Maitreya, en el *Comentario sobre los puntos difíciles del 'Continuo sublime' de Asanga, en sus enseñanzas sobre las Etapas de la práctica* y en la colección de Elogios de Arya Nagarjuna. Cuando aquellos cuyas mentes no están libres de elaboraciones ven la realidad de esas enseñanzas, entienden que la intención del Victorioso y sus hijos encaja como la arcilla en un molde o una joya en su engaste. Esta intención genuina y última del Victorioso es la visión del glorioso y victorioso Jonangpa.

Al igual que todos los pequeños arroyos se reúnen en el océano, no hay ningún punto dentro del Dharma del gran vehículo y los tantras que no conduzca a esta visión y doctrina insuperables. Por lo tanto, nuestra visión debe ser conocida como la "insuperable enseñanza única que enfatiza los veinte sutras de significado definitivo", pues enseña correctamente al hacer énfasis en ellos.

* * *

Todas las enseñanzas del Conquistador son como batir un océano de leche.
El tesoro de su profundo significado es como la excelente esencia de la mantequilla.
Verdadero experto en los veinte sutras de significado definitivo,
no existe nadie como el Omnisciente Dolpopa.

4. LA CUALIDAD ÚNICA DE SER ARMONIOSA, GRACIAS A QUE CONOCE CORRECTAMENTE QUE EL SIGNIFICADO DE LOS TES GIROS LA RUEDA DEL DHARMA CARECE DE CONTRADICCIONES

Respecto a lo que es provisional y definitivo dentro de los tres giros de la rueda del Dharma, las enseñanzas de Jetsun Taranatha afirman en *Distinción de los Dos Modos,* "Las tres etapas de las ruedas no se clasifican como anteriores o posteriores cronológicamente". Conforme a esto, los Jonang no clasifican si una enseñanza es provisional o definitiva basándose en el orden en que se recibió. En su lugar, se centran en el contenido real de esas enseñanzas.

La mayoría de quienes se enorgullecen de producir las numerosas grandes doctrinas del Tíbet definen el significado provisional como aquellas enseñanzas cuyas palabras literales no concuerdan con los referentes últimos. En consecuencia, afirman que muchas de las enseñanzas de Buda son, en realidad, palabras falsas o palabras con una intención oculta. Como escribió Taranatha en el *Ornamento del Madhyamaka Zhentong*:

La mayoría de los tibetanos dicen que de los tres giros de la
rueda del Dharma,
el primer giro es falso porque se enseña que todos los
fenómenos existen realmente;
el segundo giro es el sentido definitivo porque enseña la vacuidad;
y el último giro es provisional porque enseña la existencia de lo último.

En general, no todos los significados provisionales son palabras falsas.
En las etapas del camino que conducen al modo excelente de ser de las cosas,

las enseñanzas sobre lo relativo tienen un significado provisional,
mientras que las enseñanzas sobre el modo en que existe la realidad
se enseñan como el significado definitivo y las afirman los sabios.

Se establece que el triple giro de Nagarjuna,
Asanga y su hermano tiene un único significado.
En el primer giro, se enseña lo relativo
conforme a la forma en que aparece.
No se trata de palabras falsas, ya que en ese giro no se enseña
el análisis de la existencia verdadera, el modo real de ser de las cosas.

El giro intermedio refuta todos los fenómenos del samsara y el nirvana,
y todo lo relativo. Sin embargo, nunca se aborda el tema
de si la naturaleza búdica existe o no, y por lo tanto no se analiza.
Así pues, estos dos primeros giros no contradicen al último.

Mientras que lo relativo se enseña principalmente en el primer giro,
el significado definitivo simplemente se menciona en el segundo.
Sólo en el tercero se enseña completamente lo último.
Utilizando los ejemplos de la medicina y el aprendizaje del alfabeto,
este es el significado intencionado, mientras que los otros son incosistentes.

Hay quienes opinan que, al determinar la intención real de un texto, este debe considerarse provisional si las *tres objeciones* o factores de oposición están presentes. Estos son: (1) que el texto se enseñó con un propósito pragmático; (2) que su intención no está declarada; y (3) que sería falso si se tomara literalmente. Sin embargo, Jetsun Taranatha señala las deficiencias de utilizar estos tres criterios en su texto *Ornamento del Madhyamaka Zhentong*:

Si se considera que todas las enseñanzas que afirman algún fenómeno
son de naturaleza provisional, dado que el sagrado Dharma se enseña

*para beneficiar a todos los que han de ser subyugados, entonces todo
tendría que ser provisional.*

En el mismo texto, él continúa diciendo:

*Si en el primer giro se enseñara que "todos los fenómenos son autoesta-
blecidos", entonces eso estaría en contradicción con el 'Sutra del consejo
a Katyayana', entre otros.¹ Si en el segundo giro se refutara el espacio
absoluto del dharmadhatu y demás, entonces eso estaría necesariamente
en contradicción con la Petición de Maitreya, entre otros.² Según estas
palabras, puesto que los tres giros de la rueda del Dharma carecen del
más mínimo grado de contradicción interna, la manera de distinguir lo
provisional de lo definitivo es similar a subir una escalera de enseñanzas
únicas con expresiones maravillosas y elocuentes. Esto es lo que permite
que los seres realicen los medios hábiles de las instrucciones esenciales.
Además, el giro final hace surgir las enseñanzas únicas que son la esencia
profunda del significado intencionado del Victorioso, las cuales se elu-
cidan como el significado definitivo. Esta elucidación no es una mera
invención personal.*

Como enseñó el mismo Victorioso en el *Comentario definitivo sobre la
intención*:

*Los Benditos enseñan, "La esencia de los fenómenos es inexistente". Tam-
bién enseñan, "El surgimiento es inexistente, la cesación es inexistente y,
desde el principio, existe la paz, el nirvana naturalmente completo". Para*

---

1 Este sutra es poco común entre los textos del primer giro, ya que enseña la vacuidad de los
fenómenos. Si los fenómenos fueran no vacíos, autoestablecidos por naturaleza, serían eternos.
Sin embargo, el sutra dice: "La cesación en el mundo, Katyayana, vista y entendida correctamente tal como es, muestra que no hay existencia permanente en el mundo".

2 Si se refutara la naturaleza búdica, no sería posible experimentar y adentrarse en los caminos que van de la 'visión' al 'no más aprendizaje'. Sin embargo, el sutra dice: "No producido y
no surgido, sin naturaleza propia ni ubicación, ni cognición mental, ni sustancia. Que realice
experiencialmente la enseñanza de la vacuidad".

aquellos que moran genuinamente en todos los vehículos, ellos hacen girar la tercera rueda del Dharma, extremadamente magnífica y maravillosa, con sus elocuentes distinciones. Ese giro de la rueda del Dharma por parte de los Bienaventurados es el significado definitivo e insuperable que no ofrece oportunidad de refutación.

Posteriormente, en el *Sutra del descenso* a Lanka también se dice:

Del mismo modo que el médico prescribe a los enfermos un medicamento acorde con su enfermedad, el Buda también enseña a los seres sensibles acerca de la mente por sí sola.

De este modo se establecen las enseñanzas que distinguen entre lo provisional y lo definitivo. Como mencionó el Victorioso en el mismo sutra:

En el país de Beta, en el sur,
habrá un monje glorioso que será muy famoso.
Se le conocerá por el nombre de "Naga".
Destruirá los sesgos de la existencia y la inexistencia.

Explicando mi vehículo al mundo de manera excelente,
este insuperable Gran Vehículo
que establece el fundamento del gozo supremo,
viajará entonces a Sukhavati.

Luego, en el *Tantra raíz de Manjushri* se dice:

En cuanto al monje conocido como Asanga,
diestro en el significado de los tratados,
distinguirá excelentemente los diversos aspectos
del significado provisional y definitivo de los sutras.

Diestro en la enseñanza del conocimiento del mundo,
tendrá la disposición para escribir muchos textos.

Asimismo:

A este refutador de las doctrinas de otros,
que antes fue comerciante y también médico,
ofreciendo diversos dones a ambos,
será llamado "hombre de letras" y será célebre como monje.

Los gloriosos señores de las enseñanzas aquí profetizadas no son otros que Arya Nagarjuna y Asanga, junto con su hermano, el Maestro Vasubandhu. Con respecto a la forma en que estos hermanos interpretaron el significado de la intención del Buda, Nagarjuna dijo en su *Guirnalda preciosa del camino medio:*

Al igual que los maestros de gramática guían a la gente
para que aprenda a leer las siguientes letras,
el Buda sólo enseña a sus discípulos
tanto Dharma como estos puedan tolerar.

De este modo, en lo que respecta a quienes distinguen lo provisional de lo definitivo, estos son alabados por las mismas escrituras que hacen dicha distinción, de acuerdo con la forma en que lo hacía el Conquistador. Esas mismas distinciones entre lo provisional y lo definitivo constituyen una forma extraordinaria de discernir lo provisional de lo definitivo en la filosofía del camino medio de la vacuidad de lo otro de la Era de la Perfección.

* * *

Sustentándose en el propio Victorioso, el regente y sus hijos de corazón,
quienes distinguieron cuáles sutras eran provisionales y cuáles definitivos,
Dolpopa, el supremo entre los alabados en las escrituras,
hizo que el apego a la existencia resultara risible en este mundo.

5. LA CUALIDAD ÚNICA DE SER COMPLETAMENTE LIBRE, GRACIAS A QUE COMPRENDE QUE LAS VISIONES DE MAITREYA, ASANGA Y NAGARJUNA NO SON CONTRADICTORIAS

El linaje del Dharma de la gloriosa y victoriosa tradición Jonang posee las enseñanzas supremas de este gran eón afortunado y, por lo tanto, no necesita depender de otros. La tradición textual del Buda y del bodhisattva de décimo nivel Maitreya son sus fuentes auténticas y fidedignas.

Dentro de esta tradición se encuentran las enseñanzas perfectas de Buda, que constituyen el insuperable comentario de su propia intención. También se hallan los comentarios completos del regente del Victorioso, el Señor Maitreya, que muestra el cuerpo de sabiduría prístina de un gran ser, y las enseñanzas de Asanga, quien alcanzó el tercer nivel de bodhisattva de un ser noble. Asanga fue alabado sin objeción por las escrituras del Victorioso y enseñó personalmente el ciclo de las *Etapas de la práctica* en su comentario sobre el *Continuo sublime*, donde ofreció explicaciones concluyentes sobre la intención. Asimismo, se encuentran las enseñanzas del hermano de este bodhisattva, el maestro Vasubandhu, con discípulos que sostienen un linaje ininterrumpido de visión y doctrina. También se incluye la colección de *Elogios* y otros tratados del noble Nagarjuna, en los que se encuentran grandes instrucciones esenciales que son como adornos en los bordes.

Armoniosos como una unidad, los dos supremos y los seis ornamentos que embellecen el mundo dilucidaron su visión y sus doctrinas sin contradicciones. Las bendiciones de su linaje y la continuidad de su aceptación nunca se han interrumpido. Permanecen en una sucesión infalible, como un linaje continuo e ininterrumpido, cuyo brillante poder no ha disminuido en lo más mínimo. Tomando prestado de estos diferentes linajes, esta tradición Jonang es una tradición textual que no puede ser superada por los cientos de miles de prejuicios y parcialidades de aquellos que se jactan de su aprendizaje. En relación con los sostenedores de linajes que poseen esta visión y doctrina, el bendito Victorioso dijo en el *Sutra del descenso a Lanka:*

Aquellos que sólo dependen de la mente
no conceptualizan los objetos externos.
Al depender de la inexistencia de la apariencia,
incluso la mente sola se trasciende posteriormente.

Al depender de la observación de lo real,
se trasciende la apariencia de lo que no existe.
Si el yogui permanece en la mera no apariencia,
entonces no observará el gran vehículo.

En otro sutra se dice:

Los Victoriosos del pasado, del futuro y también del presente,
así como los de las diez direcciones, no son nada más que
esta perfección.

También, como se dice en la *Enseñanza breve que establece la visión de Manjushri:*

En el texto de los Vaibhashikas,
de los Sautrantikas y de los Yogacharin,
un poco es verdad y un poco no lo es;
pero todo es verdad dentro del Madhyamaka.

Como se dice allí, la naturaleza de los fenómenos —la naturaleza búdica— es eternamente estable e inmutable, como la base y el resultado inseparables. Es la sabiduría primordial dotada de todos los aspectos, no dual con el dharmadhatu. Como poseen una naturaleza de lucidez pura, los tres niveles de existencia deben ser sólo esto. Cuando se comprende esto, entonces, como dijo acertadamente el señor de los sabios, Gendun Chöpel:

Aquellas tradiciones que contradicen las visiones y doctrinas de los sabios del Madhyamaka y Yogachara no confían en las enseñanzas de los grandes sabios y de los capaces.

El noble Asanga y el protector profetizado Nagarjuna —ambos elogiados en los sutras del Victorioso, el Buda perfecto— distinguen el significado provisional del definitivo. En cuanto a quienes piensan que sus comentarios son contradictorios, Jetsun Taranatha enumeró una serie de visiones erróneas, ordenadas por nivel de gravedad, en su *Ornamento del Madhyamaka Zhentong:*

Mientras los exponentes de la vacuidad de sí mismo proclaman
sólo los textos de Nagarjuna, están de acuerdo.
Sin embargo, algunos mantienen objetos externos y otros los niegan.
Algunos proclaman la autoconciencia y otros la niegan.

Algunos mantienen las ocho colecciones de conciencia y otros los niegan.
Los del vehículo fundamental realizan dos tipos de ausencia del yo;
o no lo hacen, y así sucesivamente. Como todas sus doctrinas fundamentales
han sido creadas por ellos mismos, se pelean.

Todos los fenómenos concuerdan, ciertamente, con la mera inexistencia.
Sin embargo, quienes siguen a los fundadores de las tradiciones
    de los dos carruajes
tienen mentes poco fiables que abren caminos de su propia invención.

En cuanto a los exponentes de la vacuidad de sí mismo,
dicen que no hay comentarios extensos
en los sutras, el vinaya y el abhidharma que se sostengan por sí mismos.

Entonces, tras haber analizado por separado la visión en forma aislada,
cuando se explica la tradición de estas tres cestas,

*algunos adoptan la visión de los Vaibhashikas, otros la de
los Sautrantikas,
y otros la tradición textual del Yogachara.*

*Los exponentes de la vacuidad de lo otro se adentran en los cinco
tratados de Maitreya,
y la tradición textual de Asanga y su hermano, tan vasta como el océano
Por lo tanto, sus doctrinas fundamentales están libres de discordia.*

Tal y como se indica allí, la gloriosa y victoriosa tradición Jonang ha reunido todos los aspectos de estas numerosas tradiciones textuales y, por lo tanto, ha establecido una visión y una doctrina estables, sin distorsiones incongruentes. La estructura se estableció con base en Maitreya, el regente del Victorioso, y su único discípulo de corazón, el noble Arya Asanga. Las diversas tradiciones textuales que surgieron de los dos supremos y los seis ornamentos del mundo son los adornos finales.

Esta visión del gran Madhyamaka es como el pináculo de un templo. Representa la intención esencial de un océano de sutras y tantras del mantrayana que carecen de faltas como contradicciones o incongruencias. Como ha dicho el victorioso Maitreya en el *Continuo sublime* junto con el comentario de Arya Asanga:

*Del mismo modo, la conciencia inmaculada que existe
en los seres sensibles es como la miel.*

Luego, en el *Elogio al dharmadhatu*, el glorioso señor Arya Nagarjuna afirma también:

*La sabiduría primordial se halla entre las aflicciones,
mas permanece ahí sin contaminarse.*

Mientras que Dignaga y sus herederos espirituales indican:

En la naturaleza luminosa de la mente,
las contaminaciones son incidentales.

Como se enseña en estos y otros pasajes, la única esencia de la intención es la melodía armoniosa del Victorioso, su regente y sus seguidores.

* * *

Gracias a la sabiduría discriminativa, al conocer las excelentes explicaciones
de los bodhisattvas del décimo y del tercer nivel,
se observa que los principales, conocidos como los dos supremos
y los seis ornamentos que embellecieron este mundo, no se contradicen.
Este es el camino excelente.

6. LA CUALIDAD ÚNICA DE POSEER EL SIGNIFICADO PROFUNDO, GRACIAS A QUE ENFATIZA LOS COMENTARIOS DE LOS BODHISATTVAS DE DÉCIMO NIVEL POR ENCIMA DE TODOS LOS DEMÁS

Podemos preguntarnos cómo es que el significado raíz de esta tradición textual del Jonang concuerda con el bodhisattva del décimo nivel, Maitreya. Según la tradición de la comprensión de Dolpopa sobre los *Sutras de la Perfección de la Sabiduría*, debemos basarnos en las tradiciones especialmente excelsas de explicación que coinciden con la forma en que el propio Buda enseñó. De acuerdo con este enfoque, el hecho de que un sistema de explicación sea célebre no es razón suficiente para aceptarlo.

Por ejemplo, en nuestra tradición se dice:

Los fenómenos de la forma y demás deben explicarse tal y como aparecen
en los sutras, es decir, divididos en tres naturalezas.

O también, cuando Jetsun Taranatha escribió en la *Raíz del vehículo supremo*:

Al comentar el verso:

El señor del décimo nivel cuyo discurso es cierto y verdadero...

Se dice:

> *En general, nos basamos en todas las palabras del Victorioso, pero especialmente en aquellas que son principales: los sutras del significado definitivo, los diez sutras de la esencia, entre otros; el más excelente de los tratados, los cinco tratados compuestos por el señor del décimo nivel Maitreya; la 'Enseñanza breve que establece la visión', enseñada por Manjushri; así como la 'Trilogía del bodhisattva', enseñada por otros.*

Así, respaldados por muchos seres sagrados, se accede al sentido definitivo. Sin embargo, algunos comentaristas son conscientes de la intención final del significado definitivo, pero su actitud es engañosa y no son francos en la manera en que lo presentan. Las palabras de los tratados compuestos por personas que se dedican a ofuscar el significado no son dignas de confianza y deben abandonarse.

Tal como se dice allí, las enseñanzas que concuerdan con las palabras de los señores del décimo nivel dejan de lado las tradiciones textuales de los expertos en lógica de épocas posteriores. Como se dice en el *Sutra del Descenso a Lanka* respecto al gran camino medio:

La excelente esencia de la naturaleza búdica
no está al alcance de los expertos en lógica.

Y también en el *Continuo sublime:*

> *La conciencia inmaculada que existe en los seres sensibles es como la miel.*

Con esa sola cita, podemos conocer todo el alcance de la base, el camino y el resultado. Para dar a luz el significado intencionado del giro final — el significado definitivo—, no debemos fabricar nuestras propias ideas a partir de pretensiones presuntuosas. Más bien, podemos basarnos en las fuentes fundamentales de esta doctrina legadas por Maitreya, el bodhisattva de décimo nivel, y los reyes kalki de Shambala, entre otros. Como escribió Taranatha en el *Ornamento del Madhyamaka Zhentong:*

> *De entre todas las colecciones de escrituras y comentarios del Gran Vehículo, el Yogachara depende únicamente de sí mismo. Al igual que las montañas que rodean a un rey chakravartin impiden que cientos de bandidos penetren en ellas, así también las tradiciones de la vacuidad de sí mismo no pueden superar el Dharma del Yogachara.*

> *Ya que algunos de los diversos estudiantes de los sutras enseñan de acuerdo con la intención de Buda, sus tratados son muy poderosos. Aunque haya quienes se opongan a ellos, siguen siendo verdaderos. Por mucho que se busque, en las diez direcciones de este mundo no se encontrarán comentarios sobre la intención que sean mejores que los de Maitreya.*

> *El noble Nagarjuna demostró esto mediante la cognición válida, al igual que Chandrakirti, quien fue profetizado en el 'Sutra del descenso a Lanka' y quien también dio origen al comentario donde surgió la virtud blanca.*[3]

---

3 Se refiere a un comentario de Devashrama, discípulo del maestro Nagarjuna. Este comentario sobre los *Versos raíz del camino medio* de la *Colección de razonamientos* de Nagarjuna es bien conocido por ofrecer una dilucidación al estilo zhentong, por lo que no puede sino ser analizado de este modo. También es bien sabido que toda la Colección de razonamientos ha sido dilucidada al estilo zhentong.

Esto también concuerda plenamente con el 'Autocomentario' [4]*y demás.*

En cuanto a los 'Cuatrocientos' [5] *y los grandes protectores del Dharma,* [6] *explicaron la cognición mental dentro del Camino Medio de acuerdo con la forma en que lo enseñó Chandrakirti. Por lo tanto,* [7] *aunque los textos de este noble padre e hijos tienen en verdad un enfoque muy diferente al de los maestros posteriores de la vacuidad de sí mismo,* [8] *las mismas conclusiones están presentes, aunque el razonamiento para ellas no lo esté.* [9]

Los maestros de la época del padre Dignaga y de sus hijos espirituales incorporaron las intenciones de Nagarjuna y de Asanga. No se observaron las contradicciones que surgieron en épocas posteriores entre Prasangika, Svatantrika y otras escuelas. [10]

Puesto que habría sido inútil crear contradicciones dentro de las doctrinas de los nobles maestros y estudiantes, y dado que las disputas entre las escuelas Prasangika y Svatantrika surgieron más tarde, y puesto que no

---

4 Abreviación en tibetano del título *Autocomentario sobre los 'Versos raíz del camino medio'* de Nagarjuna.

5 Cuatrocientos *versos sobre la conducta yóguica* de Aryadeva.

6 Los monjes conocidos como los tres sabios orientales: (1) Jñanagarbha, (2) Shantarakshita y (3) Kamalashila.

7 Por estas y otras muchas razones que no se exponen aquí.

8 Si se miran superficialmente y sin analizar, se puede observar que difieren mucho de la forma en que los maestros posteriores de la vacuidad de sí mismo llevaban a cabo sus dilucidaciones.

9 Es importante saber que, en aquella época, las declaraciones de maestros como estos, que afirmaban que las intenciones de Nagarjuna y Asanga eran incompatibles, así como otras afirmaciones de rangtong que se oponían al tercer giro, simplemente existían como tesis a ser demostradas, más que como pruebas razonadas.

10 Los nobles padres y sus hijos que los siguieron no tuvieron conflictos. Por lo tanto, los conflictos entre Madhyamaka Prasangika y Svatantrika, que involucraron a Chandrakirti y otros, surgieron más tarde.

había ninguna autoridad,[11] Nagarjuna enseñó la visión de la vacuidad de lo otro en sus 'Elogios' y en sus comentarios sobre las cinco etapas, la bodhichitta y otros textos. Nagarjuna llevó a cabo ambas intenciones. Como Ratnakarashanti explicó claramente, "Las doctrinas de Nagarjuna y Asanga son las mismas".

Así se ha enseñado. Ratnakarashanti escribió comentarios sobre los *'Sutras de la perfección de la sabiduría'*, el *'Ornamento de la realización clara'* y otros textos. Fue maestro del glorioso Jowo Atisha, Maitripa, Zi Lotsawa y otros. También es conocido como uno de los ochenta y cuatro mahasiddhas. Jetsun Taranatha se refiere a él como alguien semejante a Shantarakshita, entre otros grandes maestros. Según algunos textos que intentan refutar la postura yogachara sobre la autoconciencia, él explicó claramente el vehículo de la autoconciencia del discernimiento. Los partidarios de la vacuidad de sí mismo, alrededor del final de las disputas entre Prasangikas y Svatantrikas, objetaron su afirmación de que "lo absoluto no está al alcance de los expertos en lógica".[12]

Tales defensores de la vacuidad de sí mismo y otros sostienen que esta visión es una tradición textual con razonamientos sólidos, pero que ninguno de los tratados, incluidos los de Nagarjuna, está libre de contradicciones con los de Asanga y sus seguidores, quienes tienen un enfoque que concuerda con las enseñanzas de Maitreya. Así, plantearon muchos ataques con razonamientos que muchos eruditos de la época consideraron clara y ampliamente inadecuados.

Las fuentes originales de la visión de la vacuidad del otro fueron las fidedignas enseñanzas de los bodhisattvas del décimo nivel, y las doctrinas auténticas que establecieron como carentes de contradicción. Como oro puro refinado, esta visión distintiva del gran camino medio de la vacuidad

---

11 En aquella época, no había motivos para enfatizar, ni siquiera para hacer notar las diferencias de doctrina, ni había nadie con autoridad para arbitrar las disputas en caso de que surgieran.

12 Sostenían que las palabras se contradecían a sí mismas, puesto que él mismo era un especialista en lógica. El significado de esta afirmación se explica en otra parte de este libro.

— *Arya Asanga* —
El gran conductor que transmitió las enseñanzas de Maitreya.

del otro, enseñada con gran detalle y extensión, concuerda por completo con sus fuentes: los escritos de los bodhisattvas del décimo nivel.

* * *

El Buda victorioso, el regente del Victorioso,

junto con los Reyes del Dharma, los Kalkis de Shambala

y la esencia de la sabiduría y la bondad, los grandes seres del décimo nivel,

están todos reunidos aquí. ¿Qué necesidad hay de otro camino?

7. LA CUALIDAD ÚNICA DE SER INCONTROVERTIBLE, GRACIAS A QUE SE SOSTIENE EN UNA TRADICIÓN TEXTUAL RICA E INIGUALABLE

En general, los linajes tibetanos se consideran como linajes independientes de Dharma de las enseñanzas budistas. Aunque todos ellos son ciertamente linajes muy ricos, de entre todos ellos, la tradición textual del glorioso y victorioso Jonang, especialmente rica y pura, tiene una serie de enseñanzas distintivas que la hacen particularmente única. Esto se debe principalmente a que, además de dilucidar los veinte sutras extraordinarios de significado definitivo, también hay una gran comprensión y experiencia de los numerosos e insuperables tantras, en general, y en particular del rey de todos los tantras: el glorioso Kalachakra.

Confiando en el poder de Jetsun Taranatha para desentrañar todo el legado del tantra budista y, especialmente, lo expuesto en las enseñanzas tibetanas, el Lama Thubten Gelek Gyatso compuso un extenso comentario de siete volúmenes sobre el *Ornamento de la realización clara* de Maitreya en el siglo XX en la región oriental del Tíbet, que proporciona instrucciones sobre la *Perfección de la Sabiduría*. Asimismo, su discípulo cercano, Lama Tsoknyi, compuso dos volúmenes muy extensos sobre el razonamiento lógico. La profundidad y amplitud de estos escritos son incomparables y nunca se han producido en toda la India y el Tíbet. Con muchos temas nuevos sobre los que nunca antes se había escrito, constituyen enseñanzas insuperables y únicas.

Muchas personas que no comprendieron inicialmente las obras de estos dos autores las consideraron sólo como una serie de etiquetas sin sentido. Sin embargo, mediante la comprensión, la experiencia y la realización, se sintieron atraídos por el camino. Otros que escribieron comentarios consideraron esto como algo verdaderamente asombroso. Significaba que esta tradición textual podía darse tanto a los de facultades agudas como a los de facultades burdas, y así será recordada con gratitud hasta el final del samsara.

Los dos autores mencionados anteriormente fueron imparciales al presentar las enseñanzas del Victorioso sobre el significado definitivo. Desde lo más profundo de sus corazones, enseñaron sin parcialidad y el resultado de su clasificación de las enseñanzas fue verdaderamente notable. En una parte de estas enseñanzas, los escritos de Lama Tsoknyi sobre el Madhyamaka Zhentong no encajaban exactamente con la tradición Jonang. Esto suscitó un gran debate apasionado y, en ocasiones, agresiones por parte de personas de mente estrecha. Ciertamente, no podían captar las increíbles cualidades externas, internas y secretas de Lama Tsoknyi. Aunque su presentación completamente perfecta de las enseñanzas de Buda era sin duda auténtica, sus críticos no podían ver sus profundas y vastas cualidades; sólo podían percibir una muestra externa de sus propios defectos.

El principal punto de controversia giraba en torno a su afirmación de que, basándose en las buenas cualidades que surgen de la meditación, no podía ver ninguna diferencia entre las visiones de la vacuidad de sí mismo y las de la vacuidad de lo otro. Para él, eran esencialmente lo mismo, sin el más mínimo grado de contradicción o incongruencia.

Sin embargo, yo y otras personas similares hemos pensado: "¿Cómo puede ser la naturaleza última de todas las cosas este árido aprendizaje de etiquetas conceptuales, que es como intentar apilar piedras rotas a la fuerza? Esta idea es, sin duda, perjudicial y no puede ser un tema adecuado para una explicación".

En resumen, cuando se compara con la perspectiva sagrada y la realización experiencial de estos dos autores, alguien que sólo conoce el aspecto del razonamiento no podría explicar ni siquiera la capacidad del sol para iluminar una montaña. Me parece bastante vergonzoso que las personas que se centran únicamente en la tradición textual de la vacuidad de sí mismo se llenen de insatisfacción con respecto a las enseñanzas que unifican la lógica y la experiencia.

Cuando Lama Tsoknyi transmitió las cualidades de su cuerpo, palabra y mente iluminados a su hijo del corazón, Lama Lodrö Drakpa, en Dzamthang, ¿no fue esto el resultado de un florecimiento de la realización? ¿No deberían alabarlo todos los grandes seres de todos los linajes?

En la tradición Jonang, hay un gran número de practicantes que, basándose en esta extraordinaria tradición textual y utilizando sus enseñanzas para adiestrarse en el camino, son capaces de realizar las numerosas enseñanzas distintivas de los demás linajes del dharma tibetano. Por ejemplo, una de las enseñanzas distintivas que se enseña ampliamente en todos los linajes es la del camino irreversible de sentido definitivo, que se utiliza principalmente como fundamento sobre el cual apoyar posteriormente cada una de sus prácticas particulares o no comunes.

Sin embargo, de entre ellos, los tratados de los victoriosos maestros raíz y linaje del Jonang han surgido de un espacio meditativo que desborda realizaciones. Al brotar de su experiencia, no dependieron de los ritmos fijos de la poesía ni de las melodías. Por lo tanto, ¿de qué sirve compararlos siquiera con los cientos de miles de razonamientos expuestos por los expertos en lógica, por no hablar de determinar el valor de cada uno?

De entre las extraordinarias fuentes en las que se basó Dolpopa, se encuentran las *Etapas del Yogachara* y la *Superación del daño a las tres madres*, escritas por Asanga y Vasubandhu, respectivamente, ambos grandes yoguis de la noble tierra de la India. Además, los dos dilucidaron la intención de las tres obras de Maitreya mencionadas anteriormente, la *Trilogía del bodhisattva*, entre otras.

Hasta el día de hoy nos llega el maravilloso relato del siglo XII en el que se cuenta que el mahasiddha Maitripa vio una luz increíble que emergía de una grieta de una estupa. Cuando fue a investigar qué era, encontró los dos últimos volúmenes de Maitreya: *Distinción entre dharma y dharmata y el Continuo sublime*. Al tomarlos, contempló el rostro del victorioso Maitreya mirándole a través de las nubes.

Luego, gracias a su logro en la meditación, entregó esas enseñanzas al brahmán Sañjala, quien a su vez las transmitió a Ngok Lotsawa, encargado de la tradición explicativa, y a Zi Lotsawa Gawi Dorje, responsable de la tradición contemplativa. Desde entonces, esta *tradición contemplativa de Maitreya* se ha convertido en un linaje especial y directo, lleno de increíbles bendiciones. Es este linaje puro y libre de contaminaciones el que ahora se mantiene exclusivamente dentro de la gloriosa tradición Jonang. Quienquiera que haya recibido la intención intachable de estas enseñanzas se ha vuelto incomparable, y así el linaje ha permanecido ininterrumpido.

En cuanto a la razón por la que este linaje de práctica ha permanecido ininterrumpido, se debe a que siempre se ha mantenido como la visión y la doctrina principales del Jonang y, por lo tanto, ha constituido el fundamento de su práctica. Con el paso del tiempo, a medida que las enseñanzas fundamentales se ampliaron con comentarios extraordinarios como el *Dharma de la montaña* de Dolpopa, estas enseñanzas fueron especialmente ensalzadas como las más elevadas y excelentes.

Además, también está el ciclo del Dharma del glorioso Kalachakra, con sus diversos tratados ornamentados con sus instrucciones extraordinarias sobre la visión y la práctica, así como el linaje de instrucciones orales. Todo ello constituye una excelente e incomparable introducción al sagrado Dharma.

Además, como escribió Taranatha en su obra, el *Ornamento del Madhyamaka Zhentong*:

Los exponentes de la vacuidad del otro entran en el océano de los cinco
    tratados de Maitreya
así como en la tradición textual de Asanga y su hermano.
Por lo tanto, sus doctrinas raíz no entran en contradicción
con ningún otro comentario sobre el Gran Vehículo.

Así como muchos cientos de bandidos de las montañas
no pueden vencer al rey que gira la rueda,
del mismo modo, dado que los textos yogachara no dependen de otros,
los textos sobre la vacuidad de sí mismo son incapaces de vencerlos.

De este modo, gracias a los sutras y a los tratados sobre el significado definitivo, los herederos espirituales del linaje de Maitreya incrementaron el linaje de los sutras. Según los textos de los Reyes del Dharma, los Kalkis y otros, su presentación de la base, el camino y el resultado, de los que se hablaba principalmente en los tantras, es reconocida por todos como un discurso vajra, invencible y supremo. Por ejemplo, en el *Sutra del Tathagatagarbha* se dice:

La naturaleza búdica, en la que la base y el resultado son inseparables,
se señala mediante la enseñanza completa
de la base, el camino y el resultado
a través de numerosos ejemplos y sus diversos significados.

Así pues, estos textos, especialmente excelsos y extensos, son la base de la
maravillosa y extraordinaria enseñanza del glorioso y victorioso Jonang.

* * *

Diferenciar las realizaciones de la tradición del Buda y los bodhisattvas
de las tradiciones ordinarias y renombradas de panditas y yoguis
sólo puede hacerse mediante una experiencia interna muy especial de la visión
y no a través de las pruebas conceptuales del razonamiento.

8. LA CUALIDAD ÚNICA DE SER FUERTE, GRACIAS A QUE MANIFIESTA EL PODER DEL MODO DE EXISTIR MEDIANTE EL ESFUERZO EXCELENTE EN LA ESENCIA DE LAS CUATRO CONFIANZAS

Todos los defensores de la doctrina, sin importar quiénes sean, consideran las cuatro confianzas como puntos clave importantes y valiosos. Las instrucciones esenciales indican que, al adentrarse en el modo de ser de las cosas, en lugar de abandonar y desechar las cuatro confianzas, hay que unirse a ellas. En todos los escritos de Dolpopa no hay un solo texto que diga lo contrario.

Este excelente maestro, al subir gradualmente por la escalera de la doctrina, comprendió por completo y sin omitir nada todos los puntos esenciales de lo que existe y lo que no, de lo que es y lo que no es. Por esta razón, se hizo muy famoso y, en lugar de llamarle por su nombre de pila o referirse a su clan, se le conoció por todas partes como "El Omnisciente". Gracias al poder de su incomparable comprensión, tocó el tambor del Dharma, mediante el cual se realiza fácilmente la intención final del Victorioso.

El propio Buda perfecto alabó a Dolpopa en la profecía vajra que se encuentra en el *Sutra de la ushnisha de la victoria completa,* donde se menciona a un ser sagrado que alzará el estandarte de la victoria del Dharma:

A mil quinientos años de distancia,
en el país del rostro rojo,
habrá un monje que sea como yo y que capte las enseñanzas
como un río, un árbol celestial y una hermosa guirnalda.

Su padre será afamado como el señor de la sabiduría,
y su madre, como el ornamento de la disciplina.
En una ciudad construida en la cima del monte Kayo,
surgirá su hijo con el nombre de Buda.

Levantará el estandarte de la victoria de mis enseñanzas,
haciendo sonar la caracola del Dharma y numerosos estandartes.

Respecto a las alabanzas a Dolpopa que se encuentran en esta profecía, un gran número de sutras y tantras expresan lo mismo. Era, en efecto, un gran ser sagrado cuyas enseñanzas eran inseparables de la intención del excelso Señor Maitreya, Asanga y Vasubandhu, entre otros. Basándose en el poder de su propio entendimiento, hizo hincapié en la insuperable enseñanza de las cuatro confianzas.

Con respecto a estas cuatro, el extremadamente excelente sutra de significado definitivo, el *Sutra de la gran liberación*, dice:

Los monjes han de morar en los cuatro tipos de Dharma.
¿Cuáles son estos cuatro?

Confía en las enseñanzas, pero no dependas del individuo.
Confía en el significado, pero no dependas de las palabras.
Confía en la sabiduría primordial, pero no dependas de la conciencia.
Confía en el significado definitivo, pero no dependas del provisional.

Estos cuatro tipos de Dharma son los que deben realizarse.
No obstante, no hay cuatro tipos de seres.

Esta es la manera en que se enseñan las cuatro confianzas. Para explicarlas con más detalle, ofrezco a continuación un breve comentario sobre cada punto. En primer lugar, debemos adentrarnos en las enseñanzas sobre el modo de existencia de los objetos conocibles. A continuación, es necesario diferenciar si los objetos que establecen esas enseñanzas son incidentales o últimos.

Si bien es necesario analizar el modo de existencia, podemos examinar la idea de seguir a aquellos que no tienen razones, o, dicho de otro modo, a los que sólo parecen tener razones. Por ejemplo, el hecho de que el nombre de una persona sea muy conocido no es razón suficiente para recibir enseñanzas de ella. Si las distinciones entre lo que es bueno y malo se hacen únicamente de oídas, el peligro de cometer errores es extremadamente grande.

Aunque hayamos decidido en qué objetos de conocimiento debemos centrarnos, aún debemos determinar cuáles son realmente fieles a la naturaleza de la realidad. En este caso, no debemos dejarnos llevar por una retórica verbal bien formada, sino que debemos confiar en permanecer en las realizaciones de lo profundo y vasto.

En el contexto de alguien que busca el significado del modo último de ser de las cosas, la mente debería confiar siempre en la sabiduría primordial de la meditación de los nobles, ya que no está manchada por contaminaciones incidentales. La mente no debe depositar su confianza en la conciencia, y que está manchada por apariencias engañosas y conceptualizadas.

A la hora de resolver finalmente el significado del modo último de las cosas, es importante comprender la diferencia entre el significante y el significado. Los significados provisionales sólo expresan lo que apoya el progreso en el camino con otros significados provisionales. El significado definitivo expresa la verdad absoluta sobre el modo de ser de las cosas. Por lo tanto, no hay que equivocarse respecto a estos dos aspectos. La mente no debe depender de significantes provisionales ni de objetos relativos que son lo significado. Por el contrario, debe depender de los significantes del significado definitivo, que representan la naturaleza absoluta de la realidad.

Sin conformarse con la mera pretensión de afirmar que uno permanece de esta forma, Dolpopa Sherab Gyaltsen —el ser omnisciente profetizado por Buda— hizo especial hincapié en las cuatro confianzas. Debido a su forma de enseñanza tan extraordinaria y distinta, fue conocido en todas partes como el "Omnisciente Maestro Poseedor de las Cuatro Confianzas".

En consecuencia, todos los seguidores y sostenedores del linaje de este excelso señor también comprendieron la suma importancia de la extraordinaria, insuperable y distintiva enseñanza de las cuatro confianzas. Inspirados por entenderla bien, cada uno de ellos fue capaz de alcanzar la esencia profunda de la visión que superaba a todas las demás. Entre ellos, Jetsun Taranatha fue reconocido particularmente como un practicante supremo del Jonang que poseía las cuatro confianzas. Era, en el sentido más verdadero, el más grande de los héroes, un verdadero bodhisattva del décimo nivel y una emanación de un Vidhyadhara. No sólo tenía fama de ser un maestro extremadamente preciado en la tradición Jonang, sino en todas las demás.

Por lo tanto, dado que las palabras de las cuatro confianzas son especialmente elogiadas y sus virtudes se expresan ampliamente, esta extraordinaria enseñanza del Jonang es particularmente maravillosa y única.

* * *

En el Tíbet, las cuatro confianzas son famosas como el viento.
Sin embargo, quienes realmente las practican son como flores en invierno.
Desde que Dolpopa reveló las profundidades de estas cuatro confianzas,
¿no es hora de adentrarse en el camino de estas enseñanzas?

9. LA CUALIDAD ÚNICA DE SER PURA, GRACIAS A QUE LOGRA LA PERCEPCIÓN PURA MEDIANTE LA ELIMINACIÓN DE LAS MANCHAS DE LAS VISIONES IMPERFECTAS

Con respecto a la enseñanza distintiva de que los fundamentos de la visión interna y externa deben estar libres del aferramiento a los extremos, la *Raíz del camino medio del Gran Vehículo* dice lo siguiente:

A partir de la meditación en la existencia o inexistencia de la ausencia de un yo de las personas, se puede inferir la existencia o inexistencia de la liberación del samsara.

Como se menciona allí, el objeto de apego que se aferra a un yo individual es una "persona". Además de definirse como autoperpetuante, dicho yo debe distinguirse como existente o inexistente, según los puntos fundamentales de los fenómenos internos y externos. Para distinguirlos, se debe buscar dentro de la mente o fuera de ella. Este método general es ampliamente conocido.

Sin embargo, al aferrarse al referente mediante meras palabras, como afirmaciones del tipo "es esto" o "no es aquello", no se alcanza la realidad más profunda de la visión sobre el modo de ser de las cosas. Este enfoque es deficiente porque carece de una percepción directa de la realidad y sólo ofrece una expresión conceptual.

Cuando los individuos evalúan el significado de un punto concreto, se limitan a medir qué tanto encaja en el limitado contenedor de sus propias mentes. Por tanto, no es fácil determinar si una idea se establece válidamente en la realidad o cuál es exactamente la visión que transmiten los demás. Es muy importante tener esto en cuenta.

Además, aunque todo el mundo exprese sus ideas en el mismo idioma, dado que el crecimiento interno se produce dentro del propio sistema de aprendizaje de cada persona, una persona auténtica o quienes la siguen no deben aceptar la doctrina de los demás como buena o mala, mejor o peor, simplemente por haberla leído en un libro o por haber escuchado historias.

Dado que es demasiado común que las personas se aíslen y se estanquen en sus propias formas de pensar, existe el peligro real de no exponerse a diferentes tipos de visiones o creencias. Es fácil menospreciar a los demás y no confiar en sus enseñanzas.

Por ejemplo, en Tíbet nos enseñan desde pequeños que los "de fuera" y los "no budistas" son inferiores y están dominados por fuertes tendencias y hábitos. Los propios textos budistas están llenos de refutaciones a las opiniones de los "extremistas de fuera". Independientemente de si estos razonamientos son correctos o no, el efecto que han tenido en la mente de los tibetanos ha sido crear un prejuicio que considera otras tradiciones de sabiduría como deficientes o inferiores.

Además, existe también la creencia generalizada de que la visión y la doctrina del victorioso Jonang están llenas de numerosos defectos similares a los de los extremistas de fuera, lo que lleva a la gente a despreciar el Jonang. Como resultado, hay quienes dentro de la actual tradición Jonang rechazan aspectos de la profunda riqueza de su propia visión filosófica y doctrinal. Los tres venenos del apego, la aversión y la ignorancia se manifiestan en sus mentes y llegan a sostener las visiones de otras tradiciones porque refuerzan en exceso estas ideas compulsivas o simplemente porque buscan mejorar su reputación.

Estos críticos señalan que la visión y la doctrina del Madhyamaka Zhentong, con su lenguaje poco común en el Dharma, están contaminadas por elementos no budistas. Cuando esto, su falta de confianza externa revela sus defectos internos. Dichas declaraciones no son más que una prueba del burdo apego y aversión que existe en la disposición de los seres ordinarios, ya que se supone que el aferramiento a cualquier visión como suprema es algo que se abandona en los caminos de la visión y la meditación.

Los que se aferran a la disciplina moral o a las prácticas del yoga tántrico como si fueran el logro supremo son igualmente molestos y pretenciosos. Dejan escapar el punto esencial de la misma visión y doctrina de la que pretenden formar parte. Incluso si comprenden su esencia, siguen corriendo el peligro de incurrir en caídas raíz del mantra secreto mientras hacen el espectáculo de ser grandes ascetas. Por lo tanto, estas visiones deficientes que consideran cualquier construcción conceptual como suprema deben ser abandonadas definitivamente.

Las personas que son diligentes con respecto a la visión y la doctrina del Jonang son necesariamente honestas. A diferencia de aquellos que sostienen sus visiones como supremas, los antiguos maestros de Jonang, como Jetsun Taranatha, entre otros, se sentían seguros de su responsabilidad a pesar de parecer como los de afuera. Así, no despertaron ninguna esperanza ni temor de los que hablar. Con su gran seguridad, hicieron un esfuerzo diligente para que otros pudieran realizar su visión y doctrina completamente pura. Por lo tanto, su profundo linaje de la mente resultó extremadamente liberador.

Para dar un buen ejemplo de cómo su visión, que comprende el modo de ser de las cosas, emerge de la esfera de la mente, el propio Taranatha enseñó que el Buda se emanaba en las formas de Brahma, Vishnu, Indra, Shiva y otros dioses. Tales enseñanzas pretendían demostrar que los extremistas de fuera, como Maheshvara y otros, eran en realidad emanaciones de budas y bodhisattvas.

Sin caer en la trampa de considerar a los "de afuera" como inferiores o repugnantes, la increíble herencia espiritual de la que surgió nuestro propio sistema no se descarta, sino que se transforma en una visión pura. Tal es el asombroso linaje del Dharma de la tradición Jonang.

Además, Jetsun Taranatha escribió en la *Joya que colma los deseos del camino medio*:

Si el complejo lenguaje religioso de diversos tipos diferentes
concuerda con las escrituras y la razón, entonces cumple su cometido.

Asimismo, Dolpopa escribió:

Las motas en los ojos de quien se aferra al lado del apego
se despejan para que puedan adentrarse en el Dharma con certeza.

Como se dice allí, el ojo mental de la sabiduría discriminativa se abre completamente al rechazar la estrechez de miras que se aferra al apego, a la aversión y a las visiones erróneas. Una mente así es capaz de determinar todos los aspectos principales de los fenómenos internos y externos.

En esta tradición que analiza el profundo camino del razonamiento auténtico, es necesario, por supuesto, establecer la certeza respecto a las premisas y los puntos clave. Si luego, basándose en esa certeza, se practica de acuerdo con las instrucciones del maestro, es seguro que se manifestarán las profundas apariencias puras de la realización natural. Como se dice:

No hay nada que no crezca en los prados del verano.
En la mente yóguica, no hay nada que no esté claro.

De esta manera, podemos pensar en el ejemplo de las piedras que se encuentran en las montañas remotas o en los valles ocultos. Del mismo modo, las enseñanzas experienciales de Shambhala, que concuerdan con la Era de la Perfección, se mantienen continuamente dentro de las prácticas del linaje como oro puro y refinado. Al entregarse a ellas, un gran número de practicantes del Jonang del pasado alcanzó la unión que es el gran gozo de la sabiduría primordial. Incluso en la actualidad, hay unos pocos que moran en esa realización. Del mismo modo, en el futuro habrá seres sagrados que mantendrán la visión zhentong libre de la engañosa política mundana, de modo que puedan desarrollarse en las mentes de innumerables individuos ordinarios las semillas inmaculadas del gozo apacible. Debido a que esos buenos potenciales permanecerán donde están plantados, con el tiempo madurarán lentamente las actividades iluminadas del sublime reino de Shambhala. Como resultado, la enseñanza distintiva del Jonang establece claramente la cosecha de una futura Era de Perfección.

* * *

La fijación en lo supremo se abandonará en el camino de la visión y la habituación.
Da igual si uno está atado con cadenas de oro o de hierro;
el sufrimiento de la esclavitud sigue existiendo. Por eso, en el camino de los hijos de Buda
la fijación en lo supremo siempre debe abandonarse.

10. LA CUALIDAD ÚNICA DE SER CLARA, GRACIAS A QUE DISTINGUE CLARAMENTE ENTRE LAS PALABRAS Y EL SIGNIFICADO DE LAS DOS VERDADES

En su *Sol que ilumina las dos verdades*, Dolpopa escribe:

Puesto que lo relativo carece de verdad, está vacío de sí mismo.
Su apariencia no se manifiesta ante la sabiduría primordial.
Además, dado que lo absoluto existe realmente,
no está vacío de sí mismo, sino vacío de lo otro.

Como se dice allí, todos los fenómenos que aparecen ante los ocho conjuntos de conciencia están vacíos de existencia verdadera. Son una verdad
relativa. Los objetos genuinos de la sabiduría primordial de los nobles no
están vacíos de su propia naturaleza, por lo tanto, son una verdad última.
La corroboración de esto, es decir, la unión de la gran sabiduría primordial
y la esfera inseparable del dharmadhatu, es también una verdad última.

Los diversos objetos aparentes de la conciencia son verdades relativas.
Estos incluyen todos los fenómenos relacionados con las aflicciones que
todo lo abarcan y el samsara, así como todo lo relacionado a la liberación
incidental: todas las colecciones de alto nivel temporal abarcadas dentro
de los caminos de la acumulación, la preparación y demás.

Todo lo condicionado está vacío de existencia verdadera en el sentido
de una "vacuidad" que es la mera ausencia de una negación no afirmativa. Con en esto sistema eso se llama verdad relativa, ¿cómo podría
ser absoluta? Las instrucciones orales del linaje de los Kalkis aseguran
que aquellos que sostienen tal vacuidad como verdad absoluta, junto
con las especificidades de esa visión, han creado una gran distancia con
respecto al estado verdadero de la realidad, como la distancia entre la
tierra y el cielo.

Al analizar detenidamente la tradición textual del Madhyamaka
Zhentong una y otra vez, se logra comprender sin duda la intención de
los budas. Si esto no fuera cierto, el modo último de ser de las cosas se
clasificaría como una vacuidad de negación conceptual no afirmativa y
también como una libertad de todas las elaboraciones, puesto que sería
una mera ausencia. Con semejante vacuidad, el modo de ser último de
las cosas se reduciría a la nada. Por tanto, no podría ser nada en absoluto.

Una verdad última así, aparte de ser meramente una negación no afirmativa proyectada mentalmente, no podría realizarse en la experiencia. Como escribió Taranatha en su *Gema que colma los deseos del camino medio*:

> *La vacuidad no es un no existir en absoluto.*
> *Si fuera eso, sería simplemente falso.*
> *Por esa razón no podría realizarse en la experiencia.*
> *La "realización" conceptual es simplemente abstracción conceptual.*
> *Por tanto, afirmar eso es inútil.*

Como dice allí, diferentes tipos de razonamientos invalidantes, como los mencionados anteriormente, caen abudantemente como la lluvia. Muchos personajes arrogantes que afirman que sus doctrinas son correctas proclaman, en un lenguaje elevado, que su visión de esta experiencia última está libre de los cuatro u ocho extremos de las elaboraciones y demás. Sin embargo, cuando se explica su visión en detalle, a pesar de todos sus aires de superioridad, no es fundamentalmente diferente de una en la que el soporte —la realidad fundamental del modo de ser de las cosas— está vacío de sí mismo mediante una negación no afirmativa. La razón por la que podemos estar seguros de que se trata de una negación no afirmativa es que, cuando se niega el yo de las personas y la identidad de los fenómenos, no puede quedar ningún fenómeno después de la negación.

Además, si esa elaboración que se supone que se ha negado es negada a su vez, entonces simplemente se crea otra elaboración conceptual. A este respecto, Sakya Pandita ha dicho:

> *Si existe una visión mejor que la libertad de elaboraciones,*
> *esa visión tiene elaboraciones. En una enseñanza como esa,*
> *después de que la negación no afirmativa niega lo que debe ser negado,*
> *si lo que debe ser negado todavía existe,*
> *pero no está libre de elaboraciones, tiene elaboraciones.*
> *El razonamiento para esto no es difícil de observar.*

Aunque se dice que existiría un razonamiento, ¿no crearía esto una regresión infinita? Se podría intentar separar los cuatro, ocho u otros extremos de las elaboraciones, pensando que podrían ser beneficiosos para la meditación o el estudio. Para un principiante —un ser ordinario demasiado familiarizado con la visión que se aferra a la identidad y las características— las visiones erróneas son interminables. Negar estas visiones distorsionadas sería sin duda beneficioso. Sin embargo, aunque con la visión de que lo último no está libre de la vacuidad de sí mismo se eliminen las muchas elaboraciones relativas proliferantes, siempre es erróneo creer que con ella se aprehenderá la verdadera naturaleza de la realidad, es decir, el modo en que las cosas son realmente.

Aunque muchos textos tibetanos sobre madhyamaka pueden jactarse de lo elevadas que pueden ser las "elaboraciones" y la "libertad de elaboraciones", todas sus explicaciones se reducen indudablemente a decir que la vacuidad de sí mismo es el modo último de ser de las cosas.

Consideremos esto con más detalle. Para que se niegue el objeto de cada texto, más alla de meramente afirmar que está libre de sus elaboraciones, no queda ningún otro significado. Cuando se dice esto, la mera libertad (o separación) de las elaboraciones de los objetos relativos de la conciencia recibe simplemente la etiqueta de "verdad última", porque es fácil de entender. Si, por otra parte, ni siquiera se dijera eso y su existencia se identificara como una mera etiqueta, entonces, aunque se proclamara que está vacía de existencia verdadera, en realidad se estaría apoyando la vacuidad de lo otro.

¿Por qué no consideramos una forma diferente de hablar? Cuando nos referimos al modo auténtico de ser de las cosas, que está libre de todas las elaboraciones convencionales, debemos saber que eso existe como ilimitadas elaboraciones últimas. Si no se entiende esto debido al apego a la idea de libertad de elaboraciones, entonces el modo último de ser de las cosas se convertirá en una simpe ausencia de elaboración que no tiene manera de existir. La razón es que quienes proclaman que la realidad última está vacía de sí misma están afirmando, con ello, que es inexistente. Sin embargo, si postulamos que está vacía de lo otro, entonces lo último no se convertiría en inexistente del mismo modo en que lo hace si se postula que está vacía de sí misma.

En este sentido, Jetsun Taranatha escribió en su *Gema que colma los deseos del camino medio*:

La vacuidad analizada mediante el razonamiento inferencial
y el reposo no conceptual en lo relativo tal como es,
son, respectivamente, una mera abstracción y la percepción real.
La talidad última no es una mera abstracción mental.

Si la mente no conceptual reúne estos puntos principales
—meditar sobre la naturaleza de la mente, la naturaleza búdica,
y pensar en los fenómenos especiales que son las cualidades
  del Victorioso—
ese es el camino supremo del Sugata, el significado definitivo.

Esto apunta a que el significado definitivo, la verdadera esencia de todas las cosas, no puede abordarse mediante un razonamiento inferencial que analice meramente la presencia o ausencia de libertad de elaboraciones. Algunos pueden tratar de posicionar su visión como la más suprema, utilizando un lenguaje elevado para afirmar que, a la vez, la verdad última está libre de extremos y es la inseparabilidad de la apariencia y la vacuidad, la inseparabilidad de la luminosidad y la vacuidad, o la inseparabilidad de la conciencia y la vacuidad, y así sucesivamente. Sea cual sea la forma en que elijan expresarlo, este tipo de afirmaciones incompatibles no son más que un ramillete de falsedades. Tales afirmaciones son sólo palabras que suenan bien, pero no dicen nada. Más que como oscurecimientos verbales, su punto esencial no se puede comprender en gran detalle.

Estoy completamente convencido de ello. Sin embargo, si hay personas con habilidad para expresarse y que pertenezcan a esas tradiciones, sería realmente importante que se presentaran y explicaran claramente esta disparidad.

También hay quienes sostienen la visión de una negación no afirmativa, de una negación afirmativa o de ninguna de las dos, argumentando que lo último está libre de toda aseveración. En consecuencia, afirman que no hacen aseveraciones sobre la existencia o la inexistencia como "esto es" y "esto no es". Esta visión surge de enseñanzas como las de la *Raíz del camino medio del Gran Vehículo*, donde se dice:

Mediante la no aseveración, se obstruye el engaño.

Y Taranatha lo explica con más detalle en la *Esencia del Madhyamaka Zhentong*:

En particular, cuando los prasangikas presentan su propio sistema de clasificación, intentan evitar disputas con los demás afirmando que no hacen ninguna aseveración.

En ese caso, ¿no se debilitaría el propio poder del lenguaje? ¿No carecerían de fundamento las promesas? ¿Acaso los argumentos lógicos no surgirían de la nada? ¿Cómo es posible que tales defectos estén presentes en las razones no válidas? Aunque es posible permanecer siempre en la no aseveración, declarar "carezco de aseveraciones" es innecesariamente incoherente. Si quienes entienden de aseveraciones hacen esta declaración, entonces, según las convenciones mundanas, ¿no sería risible que la gente afirmara que no hace aseveraciones?

Además, cuando se expresa algo con elaboraciones, no es adecuado dar una respuesta y pretender que se carece de ellas. Tampoco lo es manifestar un flujo continuo de palabras con elaboraciones o que tengan la naturaleza de éstas desde un estado en el que se ha resuelto la ausencia de elaboraciones.

Cuando quienes tienen elaboraciones afirman lo contrario, incurren en una falta de autocontradicción. Por muchas razones de este tipo, en lugar de que las tradiciones sostengan doctrinas como éstas, ¿no sería más eficaz y honesto clasificar lo último de manera que concuerde con el Madhyamaka Zhentong del Jonang?

En cuanto a esta explicación, al igual que en muchas visiones y doctrinas que no caen en la parcialidad, existen ofrecen resúmenes de conclusiones que producen entendimiento. Si una persona ordinaria como yo intentara explicar lo que se sabe y lo que se analiza, diría que, al analizar lo más posible la intención de las palabras del Victorioso, la filosofía zhentong de los Jonangpas victoriosos se basa en una forma de distinguir las dos verdades de manera individual. Con su poder genuino, ésta parece ser una enseñanza única, extraordinaria e inigualable. A quienes no estén de acuerdo conmigo y se sientan ofendidos por estas afirmaciones, les ruego que abran su mente y me disculpen, pues no tengo nada más que ofrecerles.

* * *

Para las dos verdades, el significado de "verdad" es distinto,
porque el modo de ser de las cosas y el modo en que aparecen también son distintos.
Su propósito y sus efectos también son distintos.
Decir "las dos verdades están unidas" no es más que un recurso poético.

11. LA CUALIDAD ÚNICA DE ESTAR LIBRE DE ENGAÑOS, GRACIAS A SU BRILLANTE DISTINCIÓN ENTRE EL SAMSARA Y EL NIRVANA

Ahora bien, en relación con la cualidad única de distinguir hábilmente entre samsara y nirvana, Dolpopa escribió en el *Cuarto concilio*:

Samsara y nirvana no son dos reinos separados.
Lo aparente es el samsara y el aspecto vacío es el nirvana.
Incluso hay quienes afirman
el significado de "samsara y nirvana inseparables".

Después de identificar los defectos de sus oponentes, establece su propia posición diciendo:

Si es conciencia, no es la base de la sabiduría primordial.
La sabiduría primordial y la conciencia son como la luz y la oscuridad.

De esto también se hace eco Jetsun Taranatha en su *Raíz del Gran Vehículo:*

La conciencia y la sabiduría son reinos individuales.
Lo relativo y lo último tienen sus propios modos de verdad...

Como se enseña allí y en otros pasajes, los fenómenos del samsara son los objetos de los ocho conjuntos de conciencia. Por otra parte, los objetos que aparecen ante la mente que percibe la excelente sabiduría primordial base de todo son los fenómenos del nirvana. Esta es la distinción entre samsara y nirvana. De lo contrario, como dijo Dolpopa en el *Cuarto Concilio:*

A partir de la Era de las Tres Partes y en adelante, debido a sus faltas,
afirman que todo está vacío de sí mismo,
y que la vacuidad de sí mismo es lo último.

Promulgan incluso que lo último está vacío de sí mismo
e incluso que los pensamientos conceptuales son el dharmakaya.
Dicen que los cinco venenos son la sabiduría primordial
y que la conciencia dualista es la budeidad.

También afirman que la apariencia kármica es la budeidad.
Como la budeidad se explica como la vacuidad de los nombres,
la budeidad se considera como algo eternamente inexistente.
¡Dicen que la budeidad última es inexistente!

Dicen que las dos verdades tienen una sola naturaleza.
Dicen que el samsara y el nirvana tienen una sola naturaleza.
Dicen que los objetos del abandono y su antídoto tienen
una sola naturaleza.
Y que lo que se purifica y la base última son también uno.

El origen del karma y del sufrimiento, este doloroso
ciclo de la existencia,
nunca puede ser conocido como budeidad, sino simplemente
como samsara.
Aunque quienes explican estas cuestiones no dominan este tema
por completo,
aún ofrecen información en forma de numerosas palabras elegantes.

Tal y como se dice allí, por muy elegante que sea la manera en que diversos maestros enseñan estas ideas, al final no abordan sus defectos fundamentales. Además, sería mucho más prudente que alguien que insiste en que su forma de pensar es adecuada, a pesar de no poder proporcionar respuestas a estas refutaciones, adoptara una actitud de moderación.

Según su enfoque, no hay divisiones entre lo bueno que hay que aceptar y lo malo que hay que rechazar en el samsara y el nirvana. Si esto es cierto, esforzarse en el camino de la liberación sería totalmente inútil. Tal idea supone un gran obstáculo para desarrollar aspiraciones positivas, esforzarse en el camino, reunir las acumulaciones, purificar los oscurecimientos y otras prácticas. De hecho, algunas de estas acciones podrían, como mínimo, mejorar nuestras condiciones temporales dentro del propio samsara relativo.

Por estas razones, aunque la mente pueda dar lugar a la aspiración que se esfuerza por "el modo final de existencia de lo último", si esa idea se aprehende con una negación no afirmativa, como algo vacío de sí mismo, entonces la profunda interrogante de "¿cómo puede la mente más profunda tener una naturaleza firme y estable?" resulta algo extremadamente importante.

En general, la tradición Jonang también proclama y acepta que la realidad última no tiene divisiones en su propia naturaleza y que está vacía de aquello que debe ser abandonado, aceptado, etc. Sin embargo, al integrar la visión en la experiencia, si las dos verdades se aprehenden como una sola e inseparable, existe el grave peligro de que el propio enfoque sea simplemente causa de mayor confusión.

Los fenómenos engañosos de lo relativo están completamente oscurecidos. Como tales, tienen la naturaleza del sufrimiento, la falsedad, el engaño y la existencia adventicia. Sin embargo, al ser analizados, no existen en absoluto en lo último y, por lo tanto, se consideran fenómenos engañosos. La liberación última —el gran nirvana— debe explicarse necesariamente como lo opuesto a esto. También es importante mencionar que es necesario explicar lo último de esta manera.

Otras doctrinas repiten una y otra vez que tanto el samsara como el nirvana están vacíos de su propia naturaleza. Luego, tras una explicación más detallada, las dos verdades se presentan unidas, sin aceptación ni rechazo. Queda eliminada la explicación anterior sobre cómo lo último es a la vez existente y no engañoso.

La visión de cualquiera que intente explicar la verdad última de ese modo será necesariamente inestable y poco confiable. Este tipo de explicación implica muchas contradicciones e incongruencias que causarán desconcierto entre los practicantes. Existe un peligro muy real de que se queden como ciegos perdidos en medio de una llanura, sin ningún punto de referencia profundo y estable.

Cuando se aborda la visión Jonang, estas dos verdades se distinguen y separan correctamente. En la práctica de la escucha, la contemplación y la meditación, así como al explicar la base, el camino y el resultado, estas verdades se mantienen claramente separadas. Nunca se mezclan en ningún contexto. Por lo tanto, este enfoque singular se considera superior a los demás en este aspecto.

Además, para el Jonang, todos los fenómenos conceptuales están incluidos dentro de lo relacionado con el samsara, por lo que se establecen como carentes de base. Por otra parte, todo lo que está incluido en la realidad última, ya que existe desde la perspectiva de la aparición de la sabiduría primordial yóguica, se clasifica como nirvana y es inseparable del resultado. Como escribió Dolpopa en el *Cuarto concilio*:

> *La experiencia de quienes están poseen yoga es el nirvana.*
> *Para aquellos que no las distinguen en dos reinos separados,*
> *la apariencia y la vacuidad se convierten en samsara y nirvana.*

> *Mas, si todo lo que aparece es relativo y samsara,*
> *las apariencias últimas son, por lo tanto, relativas y samsara.*
> *Si todo lo que está vacío es absoluto y nirvana,*
> *entonces todo lo vacío de sí mismo es absoluto y nirvana.*

Cuando se abandona la falta de afirmar que el samsara y el nirvana son indivisibles, entonces se pueden distinguir claramente sus límites. Esta es la enseñanza más elevada de la extraordinaria y gloriosa tradición Jonanga.

* * *

> *Samsara es sufrimiento y nirvana es paz y gozo.*
> *Les aseguro que su igualdad en el camino es inexistente.*
> *El resultado último se opone a esa unión.*
> *Por lo tanto, es absolutamente crucial distinguir entre el samsara y el nirvana.*

12. LA CUALIDAD ÚNICA DE PENETRAR EN EL SIGNIFICADO MÁS PROFUNDO, GRACIAS A QUE DISTINGUE CLARAMENTE ENTRE LA VACUIDAD Y LA BASE DE LA VACUIDAD

En cuanto a la distinción entre la base de la vacuidad y los fenómenos vacíos, el *Cuarto concilio* enseña que:

En las enseñanzas supremas y especialmente excelsas de la Era
de la Perfección,
la base de la vacuidad es la sabiduría primordial de la base de todo,
semejante al espacio.
Las impurezas incidentales, semejantes a las nubes, son lo que
hay que purificar.
Lo que purifica es la verdad inagotable del camino, semejante al viento.
El resultado de la purificación es el resultado de la separación.
Es como el cielo que se despeja de todas las nubes.

Esto significa que la base de la purificación es la naturaleza búdica última y luminosa, la sabiduría primordial no dual dotada de todos los aspectos supremos. Ésta es la naturaleza inconcebible y auténtica de los fenómenos. Lo que purifica es como el viento que disipa todos los oscurecimientos —tanto los de las aficiones como los de la cognición— semejantes a las nubes. Esto es lo que significa practicar el Dharma y no renacer más en el sufrimiento. Cuando esto ocurre, la base de la purificación se revela como permanente e inmutable, como un cielo azul límpido. ¿Cómo podrían, entonces, los fenómenos cambiantes ser la base de la purificación?

Por lo demás, debería bastar con explicar, mediante un ejemplo, cómo algunas perspectivas los consideran iguales. Los objetos a purificar, es decir, los oscurecimientos contaminantes que se asemejan a acumulaciones de nubes de oscurecimientos contaminantes, son impermanentes y temporales, lo cual se entiende a partir de su significado. Más allá de esto, no es necesario tener en cuenta siquiera los múltiples aspectos del sufrimiento. Del mismo modo, no es necesario pensar en los otros muchos aspectos de lo que purifica —el viento inagotable—, más allá de que la verdad del camino es una causa de purificación.

Cuando una causa disipa las nubes, el cielo adquiere un aspecto diferente. Más allá de esto, no es necesario pensar en los numerosos factores que intervienen. Aunque parezca que el cielo está oscurecido por nubes blancas, negras, amarillas, etc., en realidad no hay diferencias de cualidades. Del mismo modo, la base primordial, es decir, la naturaleza búdica en la que la base y el resultado son inseparables, es la base de la vacuidad. Si comprendemos esto, nos liberamos de nuestro engaño de la ignorancia.

En cuanto a la forma en que podemos llegar a ser supremos, Jetsun Taranatha escribió en su *Gema que colma los deseos del camino medio*:

> *Lo que se llama vasija nunca ha existido.*
> *La apariencia de una vasija es meramente una apariencia engañosa.*
> *Lo que queda de esto es la sabiduría primordial no dual.*
> *Esa es la esvástica de la paz, eternamente estable.*
> *Al igual que el dharmadhatu de las vasijas es de este modo,*
> *así también es el dharmadhatu de las columnas y demás.*

Así, por un lado, se halla la base de la vacuidad de lo último y, por otro, los fenómenos vacíos de lo relativo. Dado que sus características se distinguen claramente en esta visión y doctrina profundas, la sabiduría del discernimiento excelente y superior no mezcla conceptos como la base de la vacuidad (dharmata) y los fenómenos vacíos (dharma).

Otras visiones y doctrinas incurren en sesgos, como sostener sin reservas que todos los fenómenos incluidos dentro de las dos verdades deben ser vacíos o que son lo mismo que la base de la vacuidad. Tales visiones y doctrinas no surgen de la realización. Esta visión y doctrina del significado último y definitivo que rechaza tales concepciones erróneas es la enseñanza insuperable y distintiva de los defensores de la vacuidad de lo otro.

La naturaleza búdica es el modo último de ser de las cosas. Tiene numerosas características, como ser permanente y omnipresente, entre otras. Como escribió Taranatha en su *Comentario sobre el Vehículo Supremo*:

> *Como nonato, siempre está dotado de las cualidades de la talidad.*
> *Es inmortal porque es indestructible.*
> *Posee la cualidad de la paz, ya que no sufre el daño de la enfermedad.*
> *Tiene la característica de una esvástica[13] porque no envejece.*

---

13 Aquí, la palabra "esvástica" se refiere al término tibetano "yung drung", donde "yung" significa ser eterno y "drung", estabilidad. Esta es la forma en que se utiliza tradicionalmente.

Porque el dharmadhatu es la talidad eterna, porque es nonato y estable,
porque no lo destruye la muerte,
porque es apacible y sin enfermedad
y porque es la esvástica eterna, es atermporal.

La naturaleza de los fenómenos, la talidad, es siempre inmutablemente. Así es en la etapa de la base y también lo es más tarde, en la etapa del resultado. Sin embargo, en la fase de la base, el dharmadhatu está asociado con defectos y su conjunto de cualidades iluminadas está oscurecido. En cambio, en la fase del resultado, estas faltas anteriores se han abandonado y, por lo tanto, sus cualidades se manifiestan.

Se podría objetar preguntando: "Puesto que estas cualidades se alcanzan nuevamente el momento del resultado, ¿no es el dharmadhatu diferente de lo que era antes? ¿No cambia?"

A esto respondería que no. El conjunto de faltas, como las aflicciones y demás, no está establecido por naturaleza. Como son meramente temporales e incidentales, la esencia del dharmadhatu nunca ha quedado cubierta por ellas. Las cualidades últimas, los diez poderes de un buda, etc., no se alcanzan de nuevo meditando en el camino: han existido intrínsecamente en el dharmadhatu desde el principio.

El hecho de que antes percibamos la presencia de impurezas y la ausencia de cualidades iluminadas se debe meramente a que la verdadera naturaleza de los fenómenos está actualmente enmascarada por los oscurecimientos de una mente conceptual. Esta realidad sólo se percibe desde la perspectiva de dicha mente samsárica. En realidad, de manera primordial, el dharmadhatu nunca ha estado cubierto por impurezas. Siempre ha sido la realidad última, naturalmente realizada, en la que las impurezas se abandonan de forma natural y las cualidades iluminadas se poseen de forma natural.

En cuanto al significado de ser omnipresente, podemos pensar en el ejemplo del espacio. Aunque nunca haya pensado "debo impregnarlo todo", el espacio intangible impregna de forma natural todas las cosas, tanto externas como internas. Lo impregna todo. Del mismo modo, la naturaleza luminosa de la mente está primordialmente libre de elaboraciones proliferantes. Por lo tanto, este espacio inmaculado puede penetrar en todos los fenómenos, puros o impuros, impregnándolos por igual.

Sólo la enseñanza distintiva impartida por los defensores de la vacuidad de lo otro posee la maravillosa comprensión especial expresada en palabras como estas:

> *"Los fenómenos no están vacíos, sólo la existencia verdadera está vacía.*
> *Al estar todo vacío, todo está libre de los extremos de la elaboración—*
> *No existente, no inexistente, libre de aseveraciones y demás".*
> *No conocer la diferencia entre la base de la vacuidad y*
> *los fenómenos que están dentro de ella es una falta.*

* * *

> *De conocer incorrecta, parcial o muy correctamente*
> *que el nirvana es la base de la vacuidad y el samsara es un fenómeno vacío,*
> *surgirá una visión incorrecta, parcial o muy correcta.*
> *Sólo a través de la visión de la Era de la Perfección se realizará esto completamente.*

13. LA CUALIDAD ÚNICA DE ESTAR LIBRE DE ERRORES, GRACIAS A QUE CONOCE LO QUE ES PRIMARIO Y LO QUE ES SECUNDARIO EN LOS SUTRAS Y TANTRAS

Con respecto a la cualidad única de desarrollar la competencia para unir y separar lo que es primario y lo que es secundario en los sutras y tantras, Jetsun Taranatha escribió en su *Océano de aspiración victoriosa*:

> *El significado último del sutra es el Madhyamaka Zhentong*
> *y el significado último del tantra es el Yoga Vajra.*
> *Captar la esencia del camino vincula la propia visión con la meditación.*
> *Que todas las puertas del Dharma se aclaren plenamente.*

Esta enseñanza alaba la claridad de las escrituras del inigualable Victorioso, el Buda perfecto. Cuando el excelente y omnisciente Dolpopa Sherab Gyaltsen se retiró por primera vez a Jonang, todos los pensamientos y la conducta de los practicantes del dharma de aquel lugar poseían la cualidad de la meditación profunda. Se sintió muy inspirado por la seguridad que aquellos yoguis de la liberación mostraban en su realización. Reflexionó que no había forma de no practicar en aquel lugar. A partir de ese momento, todas las asambleas sagradas de sus seguidores mantendrían la conducta pura y precisa de la liberación individual. Se entregaron por completo a los inigualables esfuerzos de la disciplina fundamental, de modo que nunca incurrieran ni siquiera en caídas o transgresiones sutiles. Internamente, eran extremadamente cuidadosos en mantener sus votos de bodhichitta. Predicando con el ejemplo, el propio Dolpopa no comió carne en toda su vida. Que esto hubiera sido muy difícil de seguir en aquella época se comprende fácilmente por las muchas historias que existen al respecto.

Sin embargo, en el caso de los seguidores de Dolpopa, ellos siguiendo la unión del sutra y el tantra. Su visión se alineaba con el tantra, mientras que su conducta se regía por los sutras. Este enfoque se conocía como "la disciplina yóguica del mantra". Gracias a la práctica de los tres adiestramientos, no incurrían en conductas impropias y, así, eran capaces de alcanzar la realización del gran mantra secreto que madura desde el interior.

Innumerables seres grandiosos que vivían en Jonang se adentraron en los niveles más elevados de las prácticas y caminos tántricos. Este extraordinario lugar de práctica, donde habitaban aquellos seres sagrados, era el glorioso retiro montañoso del Jonang. En lugar de practicar en otros lugares remotos, como cuevas a las que ni siquiera los pájaros podían llegar, la asamblea de discípulos de estos seres sagrados que practicaban allí era un brillante ejemplo de este enfoque.

En resumen, en relación con los maestros consumados del linaje del Dharma del Jonang, Jetsun Taranatha describió su increíble mérito y su capacidad para permanecer en el camino medio, libre de los dos extremos, cuando escribió en la *Raíz del camino medio del Gran Vehículo:*

Si se realiza este camino, también se realiza todo el gran vehículo.
De lo contrario, uno caerá por los acantilados del eternalismo
  o del nihilismo.
Esto se comprenderá gracias a los beneficios de tener grandes méritos.
Quienes poseen mentes excelentes lo alcanzarán con seguridad.

Una vida que abandona los dos extremos es el sendero
  del camino medio.
La conducta tampoco yerra en el medio entre lo que acepta
  y lo que rechaza.
En la meditación, la unión de shamatha y vipashyana representa
  el camino medio.
Todas las situaciones de la visión se integran en él.

Por lo tanto, cuando la visión, la meditación y la conducta son completamente correctas, las acciones no se desperdician desde la perspectiva de la visión. Desde la perspectiva de las acciones, la visión sí es relevante. El sutra y el mantra se unen en la práctica, de modo que se dominan todos los aspectos sin necesidad de depender de otras fuentes.

Al conocer la esencia de lo primario y lo secundario, al saber cómo las disputas sobre doctrinas y linajes del Dharma pueden destruir los puentes hacia las prácticas que maduran y liberan, al ser conscientes de las acciones destructivas que nos confinan en una jaula de política mundana y al reconocer la falsedad de las artimañas de los linajes del Dharma, muchos yoguis se han dedicado a la enseñanza del significado definitivo e irreversible. Incluso en la actualidad, numerosos ornamentos hermosos habitan en la tierra de las nieves, que encarnan esta riqueza especial y permanecen fieles a sus promesas.

Se podría objetar diciendo, "Lo que el Jonang afirma es que nosotros, los defensores de la vacuidad de sí mismo, permanecemos atrapados en la trampa de los ocho dharmas mundanos y en otros significados engañosos del samsara. Por lo tanto, se deduce que nunca nos liberaremos y que no podemos alcanzar la liberación mediante la práctica y la realización".

A esto respondería que quienes se esfuerzan en los ocho dharmas mundanos inevitablemente tendrán que soportar pesadas cargas de engaño y envidia. Además, los auténticos practicantes del Dharma carecen de valor a los ojos de la gente mundana y no son venerados en la sociedad. Por lo tanto, está claro que se paga un alto precio por entregarse a los ocho dharmas mundanos.

Sin embargo, entre los yoguis que moran en las montañas nevadas, hay quienes mantienen una disciplina completamente pura de acuerdo con los sutras. Innumerables yoguis de este tipo han realizado los puntos esenciales de la visión del mantra; han existido a lo largo de la historia y siguen existiendo en la actualidad. Por lo tanto, en este mundo, la capacidad de distinguir entre lo primario y lo secundario, y así unir las enseñanzas del sutra y el tantra, se trata de una cualidad única que proporciona un resultado insuperable.

* * *

Los sutras y tantras totalmente completos son sólo para la perfecta budeidad.
Por lo tanto, su propósito carece de contradicciones.
Si se reconocen las contradicciones, ya sean graves, leves o incluso inexistentes,
como meras distinciones mentales, entonces se comprenderá el verdadero significado.

14. LA CUALIDAD ÚNICA DE ESTAR ARRAIGADA EN LA PRÁCTICA, GRACIAS A QUE COMPRENDE QUE LOS SIGNIFICADOS PROFUNDOS TANTO DEL SUTRA COMO DEL TANTRA CARECEN DE CONTRADICCIONES

Actualmente, en este mundo, quienes dicen no tener fe en los sistemas espirituales parecen desdeñar el culto y la devoción. Pero, ¿es esto cierto? ¿Realmente no tienen fe? Quizá no sepan en qué tener fe o simplemente no se molesten en cultivarla.

De entre la gran cantidad de personas que dicen tener fe en la espiritualidad, son pocos los que la basan en visiones y doctrinas específicas, mientras que abundan quienes no la basan en ellas. Entre los que sí se fundamentan en visiones y doctrinas, hay muchos que se conforman únicamente con su propia visión y doctrina. Además, al no ser respetuosos con otras tradiciones, al estudiarlas actúan como ovejas arreadas por pastores y no son capaces de estudiarlas sin prejuicios.

En resumen, de los siete u ocho mil millones de personas que hay en este planeta, son muy pocas las que son capaces de conectar la práctica espiritual con visiones y doctrinas profundas. Entre ellas, quienes realmente saben distinguir con claridad las dos verdades son aún más escasas. Son menos aquellas que saben cómo clasificar las tres naturalezas de lo imputado, lo dependiente y lo completamente establecido, a pesar de que esta doctrina sea postulada tanto por los chittamatrins como por los madhyamakas. Las que conocen la tradición de las tres naturalezas según el extraordinario significado definitivo de la edad de perfección, en la que se distinguen claramente lo provisional y lo definitivo, son aún más raros.

La razón es fácil de comprender. Cuanto más elevado sea el sagrado Dharma, las instrucciones orales y demás, más mérito se requiere para poder realizarlos. Por lo tanto, quienes conocen este hecho son tan escasos como las estrellas durante el día. Por ejemplo, consideremos que, aunque son pocos los que conocen la forma de explicar el significado profundo tanto del sutra como del tantra, su existencia sigue siendo posible.

Aquellos que han dado a luz en sus corazones al significado profundo del sutra y el tantra, y que además tienen la buena fortuna de que madure en su continuo mental, son tan raros que la gente ni siquiera trata de negarlo. Por ejemplo, pensemos en el primer giro de la rueda del Dharma, por el cual aquellos que luchan con qué abandonar y qué adoptar poseen el conocimiento y la habilidad para simplemente suprimir los estados afligidos e incidentales de la mente. Al hacer esto, es muy difícil seguir las instrucciones de las escrituras sobre cómo desarraigar estas tendencias de su mente. Del mismo modo, aunque la ausencia de identidad de los fenómenos no se percibe directamente, se logra una comprensión inferencial a través de los nueve ejemplos de la ilusión. Dado que ésta es sólo una causa indirecta para darse cuenta de la ausencia de identidad de los fenómenos, esta realización resulta difícil de comprender.

En el giro intermedio se genera la bodhichitta del Gran Vehículo y los cuatro medios para atraer a los demás. Aunque se enseñan temas como las seis perfecciones, son muy pocos los que realmente conocen la bodhichitta última y la manera en que se explica en los comentarios. Del mismo modo, es extremadamente raro encontrar a quienes sean capaces de comprender que las dos formas de ausencia del yo —que en los sutras se describen como dotadas del potencial para desplegar todas las manifestaciones— son, en realidad, inexistentes.

Por lo tanto, cuando se trata de la visión y la conducta más elevadas de la tradición del sutra, son muy pocos los que conocen el mundo fenoménico como pureza e igualdad. Si se observa desde una perspectiva superficial y externa, parece que el sutra y el tantra no están relacionados. Sin embargo, excepto aquellos que tienen la capacidad de realizar los temas profundos que son los puntos clave de la visión, la meditación y la conducta desde la perspectiva de los sutras, podemos estar seguros de que no hay absolutamente nadie conectado con dichas personas.

Aun así, si se conocen y se realizan estos puntos clave, se puede percibir que las dos intenciones del sutra y del tantra coexisten sin contradicción alguna. Pero, ¿quién sabe esto? Es muy difícil identificar a estas personas.

No se sabe con certeza cuántas personas dentro de cada linaje del Dharma conocen esta verdad. Sin embargo, si este conocimiento se explica en términos de la visión y las doctrinas de esos mismos linajes, a excepción de la tradición Jonang, sería muy difícil determinar si las otras escuelas tibetanas realmente entran en esta categoría.

La razón de esto es que, en las regiones donde se han extendido los linajes tibetanos, todos los sostenedores afirman que el modo último de ser de las cosas es lo que se debe alcanzar. No dudan en llamarlo "el estado de la budeidad". El propio Victorioso, el Buda perfecto, enseñó en varios sutras y tantras que esta forma última se llama "naturaleza búdica". Sin embargo, en lo que respecta a los comentarios sobre el significado de la "naturaleza búdica", Jetsun Taranatha escribió en su *Comentario sobre el camino medio del Gran Vehículo:*

En general, aquí en el Tíbet existen tres enfoques principales para identificar la naturaleza búdica. Por un lado, está la explicación del gran traductor Ngok, quien afirmó que el 'Continuo sublime' es muy profundo, a pesar de ser un comentario provisional sobre la intención del último giro del Dharma.

Según dice, la naturaleza búdica se identifica allí en términos de la vacuidad de una negación no afirmativa. En ese caso, el giro final no es más profundo que el intermedio, ya que no tiene nada que lo distinga de haber sido enseñado principalmente como una mera negación no afirmativa.

El gran Sakya Pandita dice que la intención fundamental de identificar la esencia es reconocerla como vacuidad. Afirma claramente que la esencia es mera vacuidad, sin elaboraciones proliferantes. Sin embargo, en su obra 'Diferenciación suprema de los tres votos', su tradición no se presenta de manera clara. El gran Butön identifica la esencia con la conciencia base de todo. Existen muchas enseñanzas similares a estas. Sin embargo, cuando la esencia se ha identificado de esta manera –más allá de cualquier afirmación o negación que se haga, así como de lo que se pueda decir sobre las cosas materiales y la conciencia interna en lo relativo–, no se puede establecer verdaderamente la naturaleza búdica mediante la experiencia directa como el espacio inseparable del dharmadhatu y la conciencia. Esto es un engaño.

Sin embargo, en el Madhyamaka Zhentong del Jonang de la Era de la Perfección hay un dharmakaya único en el que la base y el resultado son inseparables. En el glorioso Kalachakra, esto se enseña como la esencia dotada de todos los aspectos supremos de la deidad, el mantra, el mudra, el samadhi y demás. También, en las instrucciones orales del Guru, se describe que esta misma naturaleza búdica existe verdaderamente en la experiencia práctica como la conciencia inseparable del dharmadhatu. Tiene la naturaleza clara y estable del gozo vacío.

Por lo tanto, la visión de que el sugatagarbha es simplemente libertad de las elaboraciones proliferantes, simplemente ni existencia ni no existencia, simplemente libertad de todas las aseveraciones, entre otras cosas, es algo que no puede alcanzarse ni comprenderse. Esto queda completamente claro cuando se ponen en práctica el conjunto de la visión, la meditación y la conducta.

Esto se debe a que otras visiones y doctrinas se aferran conceptualmente a las características. Aunque se esfuerzan por liberarse de dichas elaboraciones, su entendimiento de la vacuidad aún entra en la elaboración de la "vacuidad de sí mismo". Así, en lugar de alcanzar la libertad última de los extremos, su modo último presenta exactamente los mismos extremos que las elaboraciones proliferantes de lo relativo.

Sin embargo, dado que la visión, las doctrinas y las prácticas del Jonang son especialmente excelsas, existen numerosas condiciones favorables que permiten la buena fortuna de poder realizar el profundo significado secreto en el que se percibe que los sutras y los tantras carecen de contradicciones. Estas causas y condiciones se encuentran dentro de la naturaleza del fruto madurado, no en los cambiantes pensamientos discursivos de las afirmaciones conceptuales de los eruditos.

Por el contrario, una vez que los practicantes atraviesan la gloriosa puerta de la tradición de la práctica Jonang, desde el mismo momento en que la mente del estudiante comienza a purificarse, y en dependencia de la guía enriquecedora del Guru, se ofrece una explicación profunda, secreta y hábil de cómo los sutras y los tantras no son contradictorios. De este modo, no sólo se adiestran para ingresar a un camino de mera preparación para la realización, sino también para esforzarse por el verdadero deleite experiencial. En esta tradición de práctica, que se centra en hacer realidad el objetivo final, los practicantes no se adentran en el camino completamente abrumados por los dharmas mundanos. Por el contrario, sus continuos mentales ya son puros en cierto grado, al haberse limpiado de la hipocresía mundana, entre otras cosas. Por esta razón, al practicar el Dharma sagrado, tienen la fortuna de experimentar y realizar los diversos caminos y niveles de logro.

Pero no es suficiente simplemente presentar una visión conceptual de que los sutras y los tantras no son contradictorios. Para el Jonang, esta ausencia de contradicciones se realiza de forma natural mediante la visión, la meditación y la conducta. Esto se puede ilustrar con las historias de vida de los santos del pasado, y yo mismo puedo dar testimonio de ello a través de mi experiencia limitada. Cuando la visión y la conducta de los sutras y los tantras se perciben como distantes entre sí, afloran con facilidad los ocho dharmas mundanos, las pretensiones hipócritas y las personas que disfrutan deleitándose con bellos alardes. Aunque es posible que la gente exprese una fe ciega hacia tales personas, uno nunca debe preocuparse por lo que los demás piensen o digan. Al recorrer el camino de la experiencia propia, se es capaz de conocer y realizar aún más.

Entre todas las cualidades únicas de esta tradición, destaca especialemente la de comprender por experiencia el significado profundo de los sutras y tantras como algo que carece de contradicción alguna. Quienes no son conscientes de esto nunca logran entender la intención correcta de los sutras y tantras. Como escribió Taranatha una vez en la *Gema que colma los deseos del camino medio*:

Tanto si eres capaz como si eres necio,
tanto si tienes poder como si no,
tanto si tu conducta es buena o es mala,
si te esfuerzas de este modo, alcanzarás la gran meta.

Aquellos que son arrogantes por el conocimiento
desplegado en la enseñanza, el debate y la composición,
obstinados e hipócritas en sus proyectos finamente detallados,
veneran el comportamiento burdo y la práctica de resonar
  la sílaba PHAT,
mas no son conscientes de esta profundidad y caen por el precipicio.

*En cuanto a esta doctrina, el significado de todos los sutras y tantras
surge y se explica como experiencia en la mente.
La intención de todos los nobles excelsos también es así.
Anteriormente inexistentes, estas excelentes palabras carecen
de contradicción.*

Como se enseña allí, si no se comprende que la intención de los significados de los sutras y tantras no entraña contradicciones, la verdadera realización de nuestra práctica será limitada. Los practicantes serán incapaces de recorrer el camino de los nobles, entre otros. Tras haber visto la gran importancia que el Jonang otorga al hecho de saber cómo practicar dentro de esta ausencia de contradicción entre sutra y tantra, me pareció importante explicarlo aquí.

* * *

*Realizar que el sutra y el tantra carecen de contradicciones no es un mero eslogan.
La realización mediante la inferencia y la que se obtiene por medio de la percepción directa
no están al mismo nivel cuando se trata de realizaciones auténticas.
La realización auténtica es únicamente la realización no conceptual.*

15. LA CUALIDAD ÚNICA DE POSEER UN ENFOQUE ÍNTIMO, GRACIAS A QUE ENFATIZA LA ESTRECHA RELACIÓN ENTRE EL MAESTRO Y DISCÍPULO, UNIDA A UNA ORIENTACIÓN EXPERIENCIAL PRÁCTICA

He sido muy afortunado de haber tenido la oportunidad de experimentar en mi vida un poco de las prácticas de todos los grandes linajes tibetanos del Dharma. Como resultado, al haber practicado tanto las preliminares como las prácticas principales, he podido sembrar algunos potenciales más profundos.

Según mi experiencia, he notado una diferencia significativa en la relación entre maestro y alumno dentro de la tradición Jonang en comparación con lo que he observado en otros linajes del Dharma. Si me limitara a observar desde el exterior, sería posible ver que los Jonang guardan a sus lamas en muy alta estima.

Aunque es posible que exista un gran afecto entre amigos, Si examinamos más detenidamente el significado real la relación entre maestro y discípulo, es ésta la que parece tener la mayor cercanía y afecto. Además, una vez completadas las preliminares comunes y recibida la etapa de consumación particular de alguien cercano, el afecto entre lama y estudiante se estrecha aún más. No puede ser de otra manera. Por ejemplo, cuando los estudiantes han sido conducidos al estado natural de la mente y lo han comprendido realmente, se espera que cada semana ofrezcan sus realizaciones al lama.

Además, a los monjes Jonang se les introduce desde el principio en la práctica de los Seis Yogas Vajra. De hecho, existe la costumbre de que uno no se considera realmente un monje cualificado a menos que haya desarrollado cierta experiencia en los seis yogas. Cuando se descubre que los jóvenes son incapaces de adquirir tales experiencias debido a deficiencias en sus canales, aires y gotas, se les enseñan ejercicios físicos que permiten que las experiencias surjan más fácilmente. Esta es una de las cosas que más me impresionó del Jonang y que no había visto en otros linajes. Aunque no se puede afirmar que este tipo de experiencias puedan surgir con éxito en todos los casos, como los seis yogas se practican continuamente, se crea necesariamente una relación continua de experiencia e instrucción directa entre el maestro y el discípulo. Cuando esto ocurre, el objetivo deseado se manifiesta muy rápidamente.

Respecto a esta forma de practicar, el glorioso señor Arya Nagarjuna escribió una vez:

Cuando el Guru también medita,
el estudiante recibirá bendiciones.

Esto enseña que, cuando que un Guru completamente auténtico y un estudiante que es un recipiente adecuado forman una relación comprometiéndose primero con las etapas preliminares, como el estudio de los textos, la mente del estudiante se purifica y acumula mérito. A continuación, mediante la transferencia de las bendiciones del Guru, el continuo mental del estudiante madura a través de la etapa de generación y los empoderamientos necesarios. Así se genera un recipiente adecuado para desarrollar la concentración meditativa. Finalmente, cuando las bendiciones del Guru se unen realmente con el continuo mental del estudiante, los frutos de la práctica surgirán, sin duda, según la guía experiencial del Guru. Por eso, es muy importante y necesario transmitir las instrucciones orales de los maestros anteriores de manera auténtica. Además, como dijo Jetsun Taranatha en el *Ritual de ofrenda al Guru:*

Aunque uno se adiestre en la escucha, la reflexión y la meditación
sobre los sutras y tantras durante diez millones de eones,
se enseña que, sin las instrucciones orales del Guru,
no se alcanzará la etapa de recibir bendiciones.

Esto también aparece en el *Tantra de Kalachakra,* donde dice:

Sin las instrucciones orales, no surge la confianza.

O como dijo el mahasiddha Ghantapada:

Aunque el disco solar sea muy caliente,
sin una lente no se producirá el fuego.
Del mismo modo, las bendiciones del Buda
no surgirán sin el Guru.

Tal y como se enseña allí, el Guru también debe examinar de cerca el continuo mental del estudiante. Esta necesidad de proteger de desvíos la visión experiencial del modo de ser de las cosas es una cualidad insuperable de las enseñanzas del Jonang. De lo contrario, si se carecen de las instrucciones orales del Guru, entre otras cosas, cuando uno se esfuerza en los medios de atraer discípulos o lleva a cabo numerosas actividades dhármicas, independientemente de lo que suceda o de lo que se desee, el Dharma se convertirá en una causa que conducirá a los demás hacia los reinos inferiores.

De este modo, carecer de la guía del Guru puede convertirse en la causa del abandono del Dharma. Cuando esto ocurre, al imitar las acciones dhármicas y emular el estilo externo de reunir estudiantes, entre otras acciones, existe el peligro de ser enviados directamente a los reinos inferiores. Teniendo en cuenta las palabras del Victorioso como testigo y considerando su explicación como suficiente, deberíamos tener mucho cuidado de retener este tema en nuestra mente.

* * *

Al Guru exterior se le ofrece con alegría y fe.
El Guru interior libera de la trampa de la duda.
El Guru secreto es la autoconciencia de la naturaleza búdica.
El Guru de la talidad es conocer la autoconciencia real.

16. LA CUALIDAD ÚNICA DE SER EXPERIENCIAL, GRACIAS A QUE PRACTICA SIN CONTRADICCIONES EL SUTRA Y EL TANTRA

Como resultado de la forma en que se difundieron las enseñanzas budistas a lo largo de la historia, los linajes de enseñanza del sudeste asiático se derivaron principalmente del vehículo fundamental. En las tradiciones orientales, como las de China, por ejemplo, los linajes procedían principalmente del gran vehículo, y sólo unas pocas enseñanzas provenían de los ciclos del mantra secreto, que son difíciles de comprender. En la región del Himalaya, en Asia Central, se establecieron tanto el sutra como el tantra.

En los lugares donde sólo existían tradiciones del sutra, nunca se intentó unificar las visiones del sutra y el tantra, o se hizo sólo a un nivel muy superficial. Además, después de que la visión de que lo último es la vacuidad de sí mismo se volviera predominante, hubo signos claros de que la gente ya no consideraba la visión del mantra como insuperable, completa, infalible y totalmente correcta.

Aunque se reconoce ampliamente que el tantra es más elevado que el sutra, quienes sostienen que la visión del mantra es insuperable coinciden en mantener un mandala iluminado, círculos de deidades puras, mantras y sabiduría primordial. Si ese es el caso, entonces también debe sostenerse que esas deidades del mantra secreto no son de naturaleza relativa. Las deidades relativas, recién surgidas, nunca podrían encarnar la inseparabilidad de la base y el resultado, el gran gozo, etc.

Por lo tanto, según la explicación del Jonang sobre el modo de ser de las cosas, las deidades son naturaleza búdica y, por lo tanto, tienen la naturaleza primordial de la base y el fruto inseparables. Nunca son algúna otra cosa distinto a esto. Aunque estas deidades del mantra secreto último son en sí mismas últimas y no están vacías de sus propias esencias, están vacías de todo lo que no sea eso: el engañoso mundo de lo relativo. No hay nada más allá de la realidad última: la vacuidad de lo otro.

La profunda visión última del sutra es la vacuidad. La profunda intención del significado del tantra es la no dualidad del método y la sabiduría, simbolizada por la deidad Kalachakra, entre otras. La cualidad única del Jonang es que enfatiza la unión del sutra y el tantra tal y como son. Esto evidencia lo que ningún otro linaje del dharma del país de las nieves enseñó claramente.

La presentación que hace la tradición Jonang sobre la unión del sutra y el tantra se sustenta en innumerables fuentes escriturales y razonamientos. Por ejemplo, en el *Sutra de la perfección de la sabiduría en setecientos versos* se dice:

...dado que el propio dharmadhatu es el Bendito mismo.

O en el *Sambhuta* se dice:

Como la luz de un cristal inmaculado,
la bodhichitta es luminosidad.
Esta es la realidad
de las cinco sabidurías primordiales.

Con palabras como éstas, los tantras del mantra secreto y los sutras enseñan de una manera que une el sutra y el tantra. Esto debe quedar muy claro. Tanto el vehículo sutra de las perfecciones como el vehículo vajra del mantra secreto enseñan que el espacio luminoso del dharmadhatu es la gran apariencia de la vacuidad. Se enseña que es la gran unión inseparable entre el gran gozo y las cinco sabidurías primordiales.

Entre quienes conocen las prácticas tanto del sutra como del tantra, nadie puede refutar la realización de esta verdad. Sin embargo, cuando el sutra y el tantra se mantienen separados, los signos de manifestación de este resultado a partir de la práctica son bastante limitados.

Para ejemplificar la manera en que se manifiesta la realización en la práctica Jonang, el omnisciente Maestro Dolpopa dice en su *Aspiración a las dos etapas*:

Cuando ha llegado la sabiduría primordial, cesa el aferramiento al yo...

Este es un signo particular de que la manifestación de las deidades de la sabiduría primordial ha llegado realmente. Como también dijo Dolpopa:

El reino de Shambala es de variada diversidad.
Sin embargo, en esta tierra de nieves, sólo se realiza plenamente
  en nuestra tradición.

Muchos otros signos de manifestación de este tipo se explican en los numerosos textos de la tradición Jonang. Al estar arraigados en la experiencia, son difíciles de rebatir. Además, en lo que respecta a lo que enseñan tanto los sutras como los tantras, cuyo propósito es el mismo y cuya presentación es una sola esencia, la *Lámpara de los tres modos enseña:*

Posee muchos medios y carece de dificultad
y es adecuado para aquellos con las facultades más agudas:
el vehículo del mantra es especialmente excelso.

Entonces, como enseñó el gran maestro de Dzamthang, Lodrö Drakpa, en su *Rugido del Zhentong Madhyamaka del valiente de cinco rostros:*

El modo último de ser de las cosas, tanto en la colección de los sutras como en la del mantra, es la base primordial, el dharmadhatu, la singularidad de la gran sabiduría natural. Esa intención es el sustrato único de toda la realidad.

La forma de enseñar esto, tanto en los sutras como en los tantras, es que primero se presenta la causa —el aspecto vacío de lo último— y luego el resultado, que se enseña como el aspecto del gran gozo inmutable de lo último. Puesto que las tradiciones específicas presentan estos aspectos de manera individual, se enseñan como la causa y el resultado del modo último de ser de las cosas. Aunque en realidad son no duales y de un mismo sabor, con fines de enseñanza se distinguen claramente.

Independientemente de la cantidad de caminos de medios hábiles puedan existir, desde la perspectiva de la forma en que se enseñan, es evidente que, dentro de las dos prácticas profundas de las etapas de generación y consumación del mantra secreto, la visión —tanto en su alcance como en su meta— se alinea con la de los sutras.

Sin embargo, aunque los seres de menos fortuna son incapaces de conocer esto, el excelente mantra sagrado, cuya intención no difiere de la del sutra, es relativamente fácil de practicar, gracias a sus numerosos medios hábiles. El mantra es particularmente excelso, dado que es especialmente poderoso para los estudiantes con facultades más agudas. Esta comprensión de que la intención última de los sutras y los tantras es inseparable, como una sola esencia, constituye una de las cualidades únicas de la tradición Jonang.

* * *

Si las famosísimas colecciones del sutra y del mantra secreto
se practican sin contradicción, enseñan beneficio y felicidad.
Surge un estado relajado, libre de contradicciones.
Si tratamos de forzarlo, es dudoso que surja.

17. LA CUALIDAD ÚNICA DE POSEER UNIDAD, GRACIAS A QUE CONOCE LA MANERA EN QUE LAS DEIDADES, LOS MANTRAS Y LOS MUDRAS SE UNEN CON EL SAMSARA Y EL NIRVANA

En general, para todos los sostenedores de linaje competentes de las tradiciones tibetanas, el camino se divide en dos etapas: generación y consumación. Las meditaciones conceptuales empleadas durante la etapa de generación se clasifican de esta manera porque crean un estado mental alineado con el modo fundamental de ser de las cosas. Por lo tanto, ¿cuál es el propósito de clasificar las visiones del sutra y del tantra como diferentes y afirmar que existe alguna otra razón?

Sin embargo, muchos de los que afirman que el sutra y el tantra poseen una visión única todavía no han alcanzado la visión de que la base y el resultado sean inseparables. Independientemente de lo que digan, si no se adopta esa visión de la inseparabilidad de la base y el resultado, la meditación en la etapa de generación ciertamente no tendrá una forma que concuerde con la manera en que se generan las manifestaciones de la realidad.

Cuando uno sostiene esta visión del Jonang, se observa que en el principio, medio y fin hay un florecimiento gradual que surge en dependencia de la inseparabilidad de la base y el resultado, presente en la visión del Madhyamaka Zhentong. Por lo tanto, en la conceptualidad, lo principal que uno se esfuerza por producir en el estado de generación —que tiene la naturaleza de emanación y reunión— no son las deidades conceptualmente etiquetadas ni otras cosas.

Incluso en la etapa de generación, estamos inmersos en la visión de que la base y el resultado son inseparables. Las deidades conceptualmente etiquetadas, los mantras y los mudras —todos ellos con puntos de referencia relativos— siempre apuntan hacia la asamblea de las deidades últimas. Esto se debe a que la base y el resultado son inseparables. Las deidades, los mantras y los mudras establecen una conexión genuina entre el samsara y el nirvana. Esta es una cualidad única de la tradición Jonang. Como escribió Dolpopa en su *Clarificación del significado del Dharma:*

En cuanto al supremo Dharma particular,
si lo comprendes, también es un consejo.

En relación con esta particular y profunda instrucción esencial, en la Gema que colma los deseos del camino medio Taranatha escribe:

Además, concuerda tanto con la base como con el resultado.
Meditar en esto es el camino del significado definitivo.

Según estas indican enseñanzas, para recibir las instrucciones esenciales particulares de la tradición Jonang, debemos meditar en la unión de las etapas de generación y consumación. Si meditamos de esta manera, entonces, en función de la esencia de todos los fenómenos, es decir, la naturaleza búdica, los conjuntos de fenómenos relativos se transformarán en la esencia de las cinco sabidurías primordiales y en las cinco o seis familias de los victoriosos, de modo similar a un elixir alquímico que transforma el hierro en oro.

De este modo, podemos alcanzar la iluminación en una sola vida, con un solo cuerpo humano, en tan solo unos pocos años o incluso en unos pocos meses. Al saber y tener la certeza de que moramos en la base de la budeidad, la naturaleza de ésta se transforma en la naturaleza singular de la mera manifestación.

Sin embargo, esto no significa que los seguidores del Jonang no mediten o no deban meditar en la etapa de generación común. Cuando se hace referencia a sostener con firmeza "la deidad, el mantra y el mudra" en la mente, ésta se acerca a la deidad real en un proceso de cuatro etapas: aproximación, logro cercano, logro y gran logro. Una vez alcanzada la certeza de ver la realidad como la deidad, el mantra y el mudra, estos tres se manifestarán naturalmente como las deidades, los mantras y los mudras de la sabiduría primordial durante la etapa de consumación. Se manifestarán plena y completamente en todas direcciones de una manera que trasciende toda descripción.

En cualquier caso, en relación con esta visión completamente correcta, en la que la base y el resultado son inseparables, Dolpopa escribió en su *Base inconmensurable de la visión del Madhyamaka Zhentong*:

Quienes carezcan de esta base deberían planteárselo seriamente. Es la esencia misma de la visión, la meditación y la conducta presentes en los sutras y tantras. Con las instrucciones orales del Guru para la realización, una buena actitud y en función de la buena conducta, surgirá espontáneamente. No surgirá en la mente de los expertos en lógica o en la mente del apego.

* * *

Como la esfera solar, se ve, pero no del todo.
Aunque la base y el resultado aparecen como el dharmakaya, no se manifiestan del todo.
Los yoguis, los bodhisattvas y los budas son niveles de realización. ¿Quién no lo sabe?
Felices y despreocupados en esta extensión de sencillez, los lógicos no tienen nada de qué asustarse.

18. LA CUALIDAD ÚNICA DE SER INCOMPARABLE, GRACIAS A QUE ALCANZA EL SIGNIFICADO ÚLTIMO DEL REY DE LOS TANTRAS, EL GLORIOSO KALACHAKRA

De entre los tantras del último período de traducción, el glorioso Kalachakra es reconocido y correctamente considerado como el Rey de los Tantras. Quienes piensan lo contrario, lo hacen meramente por uno o más de los tres venenos: el apego, la aversión o la ignorancia. En su *Canción de la visión*, el maestro Nyingma Dodrupchen Jigme Tenpa'i Nyima dice:

> *El Ati Yoga, la Gran Perfección, más allá de ser etiquetado de esa manera, se enseña como algo que no tiene superior ni inferior.*

Esta es una afirmación común entre muchos de los eruditos y consumados maestros del primer período de traducción. En general, es bastante habitual que la gente afirme que su tradición personal del Dharma es la más elevada y profunda.

Además, es evidente que tanto los sostenedores como los no sostenedores de la tradición Jonang consideran que el Tantra de Kalachakra es una enseñanza extremadamente elevada y profunda, como ninguna otra. Entre aquellos que no pertenecen a nuestra propia tradición de Kalachakra, algunos enseñan, al igual que nosotros, que es singularmente excelsa. Sin embargo, también hay quienes afirman que, si bien el Kalachakra es muy elevado, la Gran Perfección lo es aún más desde la perspectiva de lo que se puede alcanzar. Aunque estos individuos puedan expresar esta opinión, no cuentan con razones fidedignas ni pruebas que la respalden. Además, aunque algunos de los que hacen tales declaraciones puedan mostrar un gran entusiasmo en su actitud y mantener firmemente esta creencia, si hay alguno entre ellos que tenga razones claramente establecidas para sustentarla, le pediría que diera un paso al frente y las explicara.

Por otra parte, hay muchos conjuntos de razonamientos —ocho, diez, cinco, etc.— que hacen que el glorioso tantra de Kalachakra sea mucho más excelso que los demás. En aras de la brevedad, me centraré aquí en el conjunto de cinco. Estas son las cinco cualidades excelentes de sitio, tiempo, séquito, enseñanza y resultado que indican por qué el Kalachakra es innegablemente el más excelso:

1. **El sitio excelente** en el que surgieron estas enseñanzas fue el reino sambhogakaya de la absorción meditativa de Buda.

2. **El tiempo excelente** fue durante la luna llena del mes de Chaitra, cuando se produjo la última aparición espontánea del maestro y el discípulo como inseparables. Todas las demás apariciones relativas, en las que el maestro y su séquito se manifestaban como conjuntos de muchos individuos diferentes, se enseñaron simultáneamente como los *Sutras de la Perfección de la Sabiduría*.

3. **El séquito excelente** estaba compuesto por el Rey del Dharma, Suchandra, emanación del bodhisattva de décimo nivel, Vajrapani, junto con decenas de millones de sabios de la tierra del norte, Shambala.

4. **La enseñanza excelente** que se expresó fue la del profundo Buda Primordial, el rey de los tantras —el glorioso Kalachakra— que posee las tres naturalezas: externa, interna y otra.

5. **El resultado excelente** fue que las numerosas decenas de millones de sabios que estaban presentes alcanzaron los kayas de unión en un lapso de doce meses.

La posesión de esta naturaleza, así como de muchas otras grandes cualidades, en las mentes de aquellos que han de ser subyugados dentro de los tres tiempos, hace que el Kalachakra sea el enfoque mántrico supremo. En el pasado, se decía que el número de practicantes que alcanzaban siddhis mediante este sistema profundo y secreto era mayor que el de quienes lograban siddhis en todos los demás sistemas juntos.

Además, a diferencia de otros sistemas, el Tantra de Kalachakra contiene extensas descripciones de diversas ciencias externas e internas, como los métodos para calcular las posiciones de los planetas, las descripciones detalladas del sistema energético sutil de los canales, aires y gotas, y los métodos para preparar inciensos y bálsamos para el cuerpo, así como un vasto acervo de conocimientos budistas. En este tantra singular se reúnen todas las vastas y profundas tradiciones textuales sin excluir nada. Luego, dentro de los capítulos dedicados al "otro iluminado", hay extensas enseñanzas sobre el mandala iluminado y la esfera secreta del dharmadhatu, entre otras. También se incluyen una serie de profecías muy importantes que describen cómo surgirá una futura Edad de Oro y que sólo se encuentran en este tantra. En pocas palabras, el Kalachakra enseña detalladamente la naturaleza exacta tanto del samsara como del nirvana en el pasado, presente y futuro. De este modo, no se parece a nada de lo que se encuentra en el resto de los sutras y tantras de este mundo. Por estas razones, se le conoce como el Rey de todos los Tantras.

Además, en relación con el surgimiento de la Era de la Perfección, este es un camino supremo y sin rival, capaz de guiar a un público muy amplio que está preparado para ser disciplinado. Gracias a su claridad e inclusividad, este camino es una causa directa de la rápida manifestación de la Era de la Perfección, el inicio de un nuevo ciclo de las cuatro eras y el establecimiento de la sede de la iluminación. En esta época cercana a la auspiciosa Era de la Perfección, las alabanzas de las escrituras vajra proclaman que este excelente y maravilloso camino no tiene parangón.

Por ejemplo, en el *Gran comentario sobre el tantra raíz de Kalachakra* se dice que:

Quien no conoce al excelente Buda Primordial no conoce correctamente la 'Letanía de los nombres de Manjushri'. Quien no conoce la 'Letanía de los nombres de Manjushri' no conoce correctamente el cuerpo de sabiduría primordial de Vajradhara.

Esto significa que dentro de la *Letanía de los nombres de Manjushri*, el gozo inmutable se identifica como esencial para la experiencia de lo último. Aquellos que no realizan esta enseñanza caen en la categoría de seres samsáricos. Del mismo modo, en el *Tantra abreviado de Kalachakra* se dice que:

Si la mente de alguien se purifica, esa persona se convierte en el señor de los victoriosos, Vajrasattva. ¿De qué sirven otros victoriosos?

Del mismo modo, también se enseña en otros tantras:

La retracción individual y la estabilización,
asimismo, el control de la fuerza vital y la retención,
la recolección y la absorción.
Estas son las seis ramas del yoga.

Mediante estas seis ramas del yoga, se experimentan las tres etapas de lo externo, lo interno y lo otro, los cuatro vajras, los diez signos de luminosidad y las cuatro sabidurías primordiales de las cuatro dichas. Así se aprehende el yoga de las dieciséis gotas. Gracias a la sabiduría primordial de los veintiún mil seiscientos momentos de gozo inmutable y demás, se llega al final del excelente camino de los medios hábiles del sublime secreto definitivo: el reino profundo de Shambala.

Este es el profundo secreto de los reyes chakravartin de este mundo y el estado natural último y más profundo que existe en todos los sutras y tantras. En esta tierra, quienes comprenden correctamente que esto es verdad y practican en consecuencia son los practicantes de la gloriosa tradición Jonang del Dharma. Esta es la razón por la que he expresado todo lo anterior con tanta seguridad.

* * *

Procedente de las sublimes enseñanzas de Shambala,
es la unificación definitiva de la vacuidad y la compasión.
Que el Rey de Todos los Tantras madure en esta tierra
como el tiempo auspicioso de la Era de la Perfección.

CAPÍTULO CINCO

Aclaración de faltas para quienes menosprecian el Zhentong

Tras haber presentado claramente las cualidades increíblemente únicas del Madhyamaka Zhentong de la tradición Jonang, ahora es necesario abordar críticas específicas a nuestro sistema con el fin de disipar las dudas en las mentes de aquellos estudiantes que tienen la madurez para establecer esta visión. En el presente capítulo identificaré los argumentos que han presentado numerosos maestros altamente respetados y mostraré cómo estos puntos no pueden refutar la visión Jonang.

Les ruego que no malinterpreten mi motivación al hacer esto. En general, es extremadamente difícil saber con exactitud quién es y quién no es un ser sagrado. Además, en el caso de muchas de las personas que mencionaré a continuación, hay numerosas señales en sus vidas que indican que, en efecto, lo eran. También podemos ver que muchos otros seres han confiado en sus enseñanzas y han logrado realizaciones extraordinarias basadas en ellas. Por lo tanto, no me corresponde a mí hablar de si sus motivaciones eran virtuosas o no. A nivel personal, como individuo, intento mantener una visión pura de cada uno de ellos, teniéndoles en la más alta estima y rindiéndoles respetuosas reverencias.

Sin embargo, cuando mi objetivo es resolver las diferencias entre la presentación de nuestras visiones, es necesario abordar algunos puntos muy importantes. Aunque no entraré en detalles sobre todas las faltas que mencionan, trataré de aclarar las principales lo mejor posible. Al hacerlo, mis críticas se centran únicamente en las visiones, no en las personas.

RESPUESTAS A OBJECIONES ESPECÍFICAS DE GRANDES MAESTROS

La falta de que lo último tenga esencia

Con esto en mente, comenzaré con la *Esencia de elocuencia, una expli-cación de lo provisional y lo definitivo*, donde Je Tsongkhapa Lobsang Drakpa dice:

> *Con respecto a los que dicen:*
>
>> *Lo que se enseña en la Perfección de la Sabiduría y otros sutras respec-to a que todos los fenómenos carecen de esencia, se refiere a todos los fenómenos relativos, pero no a lo último.*
>
> *Están diciendo que si lo último no tuviera esencia, entonces eso contra-diría los comentarios de Asanga y su hermano. Eso significaría que ellos estarían fuera de la tradición del noble padre y sus hijos.*

Continúa diciendo:

> *En particular, la vacuidad, el dharmadhatu, la talidad y demás son todos nombres diferentes de lo último. Según estos sutras, se enseña que todos ellos carecen de esencia, por lo que, ¿cómo podría alguien con una mente decir que lo último no se incluye ahí?*

Para responder a esta afirmación, diría que las aseveraciones en los su-tras sobre la ausencia de esencia en los fenómenos se entienden como si dijeran que los fenómenos relativos se niegan en el modo real de ser de las cosas. Debido a la existencia de infinidad de visiones erróneas, la gente puede seguir aferrándose al yo de una persona o a la identidad de un fenómeno. Para ese tipo de personas, también existe la posibilidad de aferrarse a la vacuidad, es decir, al dharmata y demás. Para negar esto, el dharma y el dharmata no se enseñan por separado. Si se toman esas enseñanzas de forma literal, es posible que se piense que el dharmata carece de esencia.

En general, cuando muchos defensores de la vacuidad de sí mismo establecen esta visión, a menudo no distinguen claramente entre los fenómenos y la naturaleza de los fenómenos, es decir, el dharma y el dharmata. Por esta razón, parece que surgen algunos malentendidos. Las palabras de los sutras se enseñaron con la intención de ayudar a los seres a abandonar el aferramiento a los fenómenos relativos. Sin embargo, en realidad no hay ningún sutra que diga explícitamente que la naturaleza búdica carece de esencia.

Ya se han discutido anteriormente las numerosas palabras del Buda que enseñan que la naturaleza de los fenómenos es verdaderamente existente. Puesto que las doctrinas de Maitreya y Asanga contienen numerosos pasajes que así lo afirman, no necesitamos repetirlos. Sin embargo, como escribió el noble Nagarjuna en su *Elogio al dharmadhatu*:

Los sutras que enseñan la vacuidad,
tantos como enseñó el Victorioso,
todos ellos eliminan las aflicciones,
pero no afectan la naturaleza búdica.

Cuando su hermano Asanga y otros eruditos y practicantes consumados enseñan tales palabras, resultan ciertamente fáciles de comprender. Además, aunque las tres clases de ausencia de naturaleza no se explican de la misma manera que en la tradición de Je Tsongkhapa, están bien expuestas en las enseñanzas del tercer giro del propio Victorioso y de sus hijos espirituales, así como en el *Dharma de la montaña* de Dolpopa, el *Ornamento del Madhyamaka Zhentong* de Taranatha y en muchos otros escritos relacionados. Como cuentan con el respaldo de las escrituras y el razonamiento, estas exposiciones quedan firmemente establecidas.

Si la realidad no fuera como la describen el Victorioso y sus hijos, entonces la talidad, la naturaleza búdica, la verdad última de la cesación y demás —todo eso que se clasifica como "último"— serían necesariamente inexistentes. Si así fuera, la verdad última no sería última. El Dharma del giro final, sus comentarios y los mantras que enseñan principalmente que la verdad última es la realidad verdadera y fiable de la sabiduría primordial carecerían necesariamente de un referente real y no tendrían sentido. Nadie en su sano juicio podría hacer una declaración de consecuencias tan increíbles.

Por lo tanto, la verdad última debe existir necesariamente, ya que ésta es la definición misma de lo que significa que algo sea el modo último de ser de las cosas. Cuando algunos dicen que "es verdad, pero no existe verdaderamente", demuestran que están utilizando el lenguaje de una manera que contradice el significado básico de la gramática. Se trata simplemente de torcer las palabras para establecer alguna precisión innecesaria. Además de hacer que sus afirmaciones sean confusas, también contradicen la tradición textual del Victorioso, la de sus hijos e incluso muchos campos del conocimiento ordinario.

Creo que es necesario analizar realmente si afirmaciones sin matices, como "ningún fenómeno existe realmente porque las afirmaciones convencionales sobre ellos son inconsistentes con el análisis", son necesarias para quienes se esfuerzan por alcanzar la liberación.

La falta del establecimiento independiente

Entonces, como dijo el excelente Je Tsongkhapa en su obra fundamental, *Esencia de elocuencia:*

> *Se sostiene que la naturaleza inmutable y perfectamente establecida surge como objeto de la mente sin apoyarse en la negación. Semejante establecimiento independiente es contradictorio.*

A esto respondería que, cuando se habla de "objetos de la mente", deberíamos distinguir entre dos tipos de mente: la conceptual y la no conceptual. Cuando Tsongkhapa dice "surge como objeto de la mente", no distingue claramente a qué tipo de mente se refiere. Si se refiere al objeto de una mente conceptual, entonces no se puede afirmar que todos esos objetos conceptuales se basen en la negación, ya que no se encontrará ninguna escritura o razonamiento auténtico que apoye tal afirmación. Sin embargo, si el objeto de la mente se refiere específicamente a una negación no afirmativa, entonces sí sería necesario apoyarse en una negación. No obstante, la tradición Jonang nunca afirma que la naturaleza perfectamente establecida sea una negación no afirmativa, por lo que es imposible que este punto sea contradictorio.

Además, si se dice que el objeto es para una mente no conceptual, entonces debe encajar en uno de los cuatro tipos de percepción directa. Un objeto que surge en ellos no depende de la negación. No sólo eso, sino que esta verdad última, que está libre de elaboraciones, se afirma como una negación afirmativa.

Los seres nobles más elevados han mencionado en numerosas ocasiones que la negación afirmativa que surge en la mente se establece de modo primordial. Esto significa que la naturaleza búdica no es una negación afirmativa ordinaria, ya que sólo la reconoce la percepción directa yóguica no conceptual. Eso es la autoconciencia primordial. Por esta razón, es el establecimiento último. No debe confundirse con el "establecimiento" de la verdad relativa y engañosa, que parece ser un error muy común. Quien realmente sostenga tal visión debería analizar este asunto con mucho cuidado.

La falta de ser una visión incurable

Al hablar de la visión que sostiene que lo último es algo existente, el *Comentario sobre lo provisional y lo definitivo* del gran erudito Jamyang Shepa dice:

> *Pues el padre Nagarjuna y sus hijos explican*
> *que esta es la "visión incurable".*

Mi respuesta es que simplemente está diciendo que "el protector Nagarjuna dijo que esta es una visión incurable". No obstante, esta afirmación no se basa en ningún razonamiento. Simplemente se presenta como un punto que Jamyang Shepa desea establecer. Sin embargo, por sí misma, tal aseveración no establece nada en absoluto. No es más que una afirmación.

Dice Dharmakirti en su *Comentario sobre la cognición válida*:

Por enunciar lo que se quiere establecer,
Las consecuencias no quedan probadas.

Y también:

Si hay un razonamiento para la "inexistencia",
en ese momento se entiende que es inexistente.

Como explican estos pasajes, si pretendemos establecer algo, tenemos que aportar razones que respalden nuestra tesis. Esta es una regla básica de lógica en las doctrinas del camino medio. Sin embargo, este noble ser no expuso ninguna razón de por la que piensa que la visión de la existencia última sería una "visión incurable". No sólo eso, sino que su afirmación contradice las declaraciones del propio Nagarjuna y sus hijos, quienes enseñaron: "El nirvana es la única verdad". Por lo tanto, ¿no está claro, entonces, quién realmente está enseñando fuera de la tradición de los grandes pioneros?

Si la visión que enseñaron el bendito Buda, su regente Maitreya, Nagarjuna y Asanga es una "visión incurable", que implica que todo está vacío de sí mismo y que incluso lo último no existe, entonces todas sus declaraciones sobre la existencia verdadera del nirvana deben ser erróneas. Sin embargo, si Nagarjuna, Asanga y el Señor Maitreya demostraron realmente que lo último no existe verdaderamente, entonces debe haber alguna prueba de ello en sus escritos. Si la hay, ruego a todos los seguidores de Jamyang Shepa que me la muestren para poder comprenderla.

La falta de la cognición válida

Dentro de la tradición textual del gran maestro de Sera, Jetsun Chokyi Gyaltsen, existe una visión que concuerda con su *Ornamento de la intención de Nagarjuna* que afirma lo siguiente:

La afirmación de que la sabiduría primordial de un aprehensor y un aprehendido no duales es real y eterna es errónea.

Los que sostienen esta visión citan posteriormente una refutación de los no budistas seguidores de Shiva que se encuentra en el *Comentario sobre la cognición válida* de Dharmakirti. Allí se afirma:

No existe la permanencia conocida válidamente,
porque es una cognición válida de la existencia real.
Ningún maestro excelente ha expuesto
ninguna prueba de tal cognición válida.
Como todos los objetos de conocimiento son impermanentes,
por tanto, también debe ser impermanente.

Con este razonamiento, intentan refutar la visión Jonang. Sin embargo, sólo refutan la cognición válida de lo convencional. Ninguna escritura ni razonamiento puede refutar la permanencia de la cognición válida última. Esto ya debería ser fácil de entender.

La tradición Jonang nunca afirma la idea de una cognición válida permanente de lo convencional. Esto no aparece en nuestra doctrina en absoluto. Sin embargo, cuando la gente intenta utilizar esta cita para rebatir nuestra afirmación de que la sabiduría primordial conoce válidamente la naturaleza búdica y su permanencia, la cita simplemente pierde su propósito.

En su *Dharma de la montaña*, Dolpopa también declara que la intención del significado de la cita de Dharmakirti es, en efecto, que no existe una cognición válida de la permanencia. Sin embargo, el alcance de ese pasaje se limita a la cognición válida de los fenómenos relativos, no incluye la cognición válida de lo absoluto. Menciona que todos los objetos conocibles relativos se enseñan como impermanentes porque están compuestos de condiciones temporales.

Para tales fenómenos relativos, es imposible que haya faltas de contradicción. Además de ser real o contradictorio, es imposible que exista una tercera clasificación para estos. Dichos fenómenos conocibles deben ser, o bien entes reales, o bien no-entes irreales. Sin embargo, la verdad última no se incluye en absoluto en esa dicotomía.

Quienes acusan esta falta cierran sus mentes a lo que realmente se está enseñando allí. Simplemente postulan sus propias opiniones como verdades fundamentales. Antes incluso de comprender lo que afirman los Jonang, ya están tratando de rebatirlos. Es como intentar afirmar que ha salido el sol sin haber visto nunca su luz.

La falta de no concordar con Dharmakirti

Por otra parte, incluso algunos eruditos contemporáneos intentan explicar las doctrinas del Jonang y de otros según el *Comentario sobre la cognición válida*. Como consideran que la visión Jonang es exactamente la misma que la de los no budistas seguidores de Shiva, creen que, si refutan una, también negarán la otra. Del mismo modo, si se establece una, entonces la otra también debe quedar establecida. Lo explican así porque tanto los Jonang como los no budistas afirman que la cognición válida de la permanencia es la verdad última. Sin embargo, jamás afirman lo mismo sobre lo relativo.

A tales críticas, yo diría que, cuando el glorioso Dharmakirti afirma que la permanencia se refuta y no se establece como real, se está refiriendo a la cognición válida de las imputaciones conceptuales como objetos de la mente. Es cierto que no se pueden establecer tales fenómenos y, por tanto, se ajustan a las enseñanzas de Dharmakirti. Puesto que concordamos con Dharmakirti, no hay necesidad de dudar de sus afirmaciones.

Además, todos los que en la India y el Tíbet compusieron posteriormente comentarios a su *Comentario sobre la cognición válida* sostuvieron que, de acuerdo con esas enseñanzas, la cognición válida de la permanencia defendida por los no budistas debe ser considerada inexistente. Sin embargo, cuando la tradición Jonang y otras sostienen que la naturaleza búdica es el modo último de ser de las cosas, esto también es conocido de manera válida. No se afirma que sea permanente por mera soberbia basada en la propia visión ni por terquedad. Se trata de la visión inmaculada que el bendito Buda aprehendió mediante su propia experiencia directa. Por lo tanto, puede proclamarse con certeza.

En los propios escritos de Dharmakirti sobre el camino medio se dice que los comentaristas de la tradición del sutra no siempre utilizaban términos de cognición válida relativa en sus exposiciones. Esta es una de las razones por las que él goza de tan alta consideración dentro de la tradición Jonang. En concreto, Dharmakirti ha afirmado que el Victorioso, su regente, los dos grandes maestros y sus hijos enseñaron todos con una sola intención y una sola voz. Así, en el *Sutra del Tathagatagarbha* se dice:

Así pues, digo que todos los seres son como la analogía de una imagen de oro cubierta de arcilla. La cubierta externa es la corteza de las aflicciones. En su interior se puede ver que existe la sabiduría primordial de la budeidad.

Y también en el *Sutra de la gran liberación*, donde dice:

Hijo de noble linaje, lo que se llama "naturaleza búdica" es lo último vacío. Lo que se llama "lo último vacío" también se llama "sabiduría primordial".

O el *Sutra de la sublime luz dorada* dice:

La talidad permanece igual que la misma sabiduría primordial genuina. Eso es el dharmakaya.

Y una vez más en el *Tantra de Samputa* donde dice:

Después de abandonar completamente todas las concepciones, uno mora en la gran sabiduría primordial que permanece.

Así como en el *Sutra del descenso a Lanka*, donde dice:

La aabiduría primordial perfecta, la talidad, tiene la característica del establecimiento completo.

Y en la *Letanía de los nombres de Manjushri* dice:

Los kayas de la sabiduría surgen por sí mismos.

En el *Comentario extenso de la 'Luz inmaculada'* dice:

Libre de un instante y de muchos, la sabiduría primordial es la talidad de los victoriosos.

Y en el *Comentario de los versos raiz del 'Continuo Sublime'* se dice:

La conciencia inmaculada en los seres encarnados es como la miel.

En el *Elogio al dharmadhatu* dice:

Entre las aflicciones, la sabiduría primordial mora como la talidad inmaculada.

Como podemos observar, hay innumerables escrituras y razonamientos que establecen que la sabiduría primordial mora de forma permanente. Aunque lo último percibido por la sabiduría primordial se conoce válidamente, parece que la idea de ésta debe ser impermanente surge por un aferramiento demasiado literal a las palabras. Puedo entender por qué sucede esto, pero para quienes realmente investigan su significado más de cerca, esa afirmación es, en realidad, una tontería sin sentido.

La falta de ser igual que las visiones no budistas

Nuestros críticos continúan afirmando que la cognición válida que sostienen los no budistas presenta las faltas mencionadas en el *Comentario sobre la cognición válida*. Puesto que creen que los Jonang también comparten esta visión, entonces, según su lógica, también deben poseer estos mismos defectos.

A esto respondería que, si la cognición válida que sostienen los no budistas contiene realmente las mismas características que la que se enseñó en los sutras y en los tratados, ¡entonces también deberían ser venerados y considerados maravillosos! Si enseñan de acuerdo con lo que explicó Buda, no vemos razón alguna para intentar refutarlos.

En el *Espejo de cristal de las explicaciones elocuentes*, Lobsang Chokyi Nyima escribe:

> En tal caso, los exponentes no budistas del Shabda-brahmán proclaman que todas las cosas reales son cambios del sonido con naturalezas reales. Los Jonang también parecen afirmar que el modo de ser de las cosas es eterno, estable e impregna todo lo animado y lo inanimado. En concreto, para ellos, muy pocas cosas son inexistentes.

Para responder a esto, diría que no hay puntos correctos o precisos que puedan ver aquellos que intentan criticar de esta manera. Los investigadores honestos que analicen estos puntos en detalle reconocerán claramente su falta de precisión. Además, la visión de los defensores no budistas del shabda-brahmán, que proclaman que todas las cosas reales son cambios de sonido con una naturaleza real, no se parece ni remotamente a la visión de los Jonang, que sostienen que la realidad última impregna todas las cosas animadas e inanimadas.

Los partidarios del shabda-brahmán sostienen que el sonido OM es el yo, el principio o persona consciente —lo que se conoce como "purusha"—, y afirman que tiene nueve características perceptibles, como el color, entre otras.

Los Jonang sostienen que la base del nirvana —la naturaleza búdica—

posee muchas cualidades, como la ausencia de elaboraciones, entre otras. Estas características definitorias no son las mismas en absoluto. Según la enunciación Jonang de la gran sabiduría primordial, el sabio —el Buda bendito— enseñó claramente en el *Sutra del Tathagatagarbha* y en otros textos, "Lo he visto". El Buda no expresó allí que tuviera una conciencia errónea; proclamó que había visto esa naturaleza que todo lo impregna, tal como era. Por lo tanto, la enseñanza del Buda difiere por completo de la de los defensores del shabda-brahmán.

Las faltas del eternalismo y el nihilismo

En otra parte de su *Doctrina*, Chokyi Nyima escribe:

> *Además, en esta visión postulada por la tradición Jonang parecen encontrarse las faltas tanto del eternalismo como del nihilismo. Al proclamar que lo último tiene una naturaleza primordialmente permanente, caen en el extremo del eternalismo; y luego, al decir que en el momento de la verdad relativa hay existencia y que en el momento de la iluminación hay inexistencia, caen en el extremo del nihilismo.*

A esto respondo diciendo que los Jonang no caen en el extremo del eternalismo al sostener que la verdad última es permanente. Tampoco caen en el extremo del nihilismo al afirmar que la verdad relativa es, en última instancia, inexistente. En cambio, establecen su sistema del camino medio basándose en numerosas citas de las escrituras y razonamientos.

Los críticos consideran que el posicionamiento del Jonang, según el cual la vacuidad última de lo otro se establece verdaderamente, significa necesariamente que caen en los extremos del eternalismo y el nihilismo. Esta falta no se encuentra presente en las enseñanzas del Buda y sus hijos. Por tanto, afirmar simplemente que "caen en los extremos del eternalismo y el nihilismo" es una acusación falsa.

Además, los Jonang nunca afirman que los fenómenos de lo relativo hayan existido alguna vez y luego se hayan vuelto inexistentes. Afirman que, en el sentido primordial, los fenómenos de lo relativo nunca han existido en absoluto desde el tiempo sin principio. Como señala Dolpopa en sus instrucciones orales:

Estos fenómenos bien conocidos del entorno y los habitantes de los tres reinos son como los cuernos de la liebre, la flor del espacio, el hijo de una mujer estéril o la mantequilla producida a partir de arena, o como la ropa hecha de pelo de tortuga. Son primordialmente inexistentes.

Tal como se enseña allí, no sólo se proclama que estas vistas y sonidos son inexistentes, sino que se expresa de un modo que elimina los extremos del eternalismo y el nihilismo. Como escribió Jetsun Taranatha en la *Distinción de los dos modos:*

La vacuidad última de lo otro es algo real. No se compone de forma novedosa a partir de causas y condiciones. Antes y después, nada ha cambiado: la esvástica estable y permanente. Por lo tanto, no es el extremo del nihilismo.

Tampoco es el extremo del eternalismo, porque lo último está libre de todos los extremos de las elaboraciones conceptuales. Al trascender todos los objetos imputados mentalmente, no puede clasificarse diciendo "es como esto o como aquello". Así, trasciende el reino de los expertos en lógica. Por tanto, sólo se experimenta en la conciencia que surge por sí misma.

De acuerdo con este y otros pasajes, la visión de la sabiduría primordial que se aprehende en la meditación de los nobles debe presentarse tal como es. Mientras esa sabiduría se mantenga libre de engaños, la visión Jonang ofrecerá una presentación exacta de la realidad que no podrán derribar las faltas.

Numerosos textos de la gloriosa tradición Jonang enseñan cómo liberarse de los extremos del eternalismo y del nihilismo. Estos textos están completamente libres de las faltas mencionadas en la acusación anterior. Dichas acusaciones carecen de fundamento y no tienen sentido, como puede observarse con un sencillo análisis.

La falta de carecer de fuentes

En el *Bello ornamento de la montaña de doctrina que enseñó el Sabio*, Chankya Rolpe Dorje escribe:

> *La visión Jonang es una perspectiva adventicia que difunde sus propias ideas sin recurrir en absoluto con fuentes eruditas y consumadas.*

Ante esto, no puedo evitar preguntarme si estas palabras eran en realidad una nota superflua escrita por un estudiante confundido o si realmente eran las palabras de un erudito como Chankya. Sin embargo, para responder a esta idea, diría que, más allá de quién sea el autor, aparentemente estaba lidiando con algunas historias infundadas y nunca había leído realmente las enseñanzas de los propios maestros Jonang. Si lo hubiera hecho, se habría dado cuenta de que están repletas de extensas citas de una gran variedad de fuentes auténticas del Dharma.

En cualquier caso, no se menciona que las fuentes del linaje de la visión Jonang se encuentran entre las más respetadas de todos los linajes tibetanos del Dharma. La autenticidad de estos textos se explica claramente en obras como la *Lámpara lunar de la historia del Jonang*, escrita por Ngawang Lodrö Drakpa del monasterio de Dzamthang. Por lo tanto, quienes sostienen una opinión tan errónea deberían prestar mucha atención.

Hoy en día, la gente simplemente cree ciegamente que la visión Jonang es herética y, por lo tanto, algo que debe ser refutado. Si intentan hacerlo basándose en la falta de realizaciones, en realizaciones erróneas y en otros aspectos, ¿qué bien puede resultar de eso?

Además, aunque la tradición Jonang explica con detalle estas historias y fuentes del dharma, cuando los críticos prejuiciosos afirman que la visión Jonang carece de fuentes, puede ser porque no las explican en su propia tradición. Si ese fuera el caso, ¿entonces su propia tradición también carecería de fuentes porque no las explican en otras? Esto dejaría a todo el Tíbet completamente desprovisto de cualquier Dharma auténtico.

La falta de ser igual que la escuela Samkhya

Chokyi Nyima dice más adelante:

> *Además, la forma en que la tradición Jonang habla sobre el logro de la liberación parece no diferir de la del Samkhya hindú. La escuela Samkhya incluye veinticinco categorías de objetos de conocimiento.*

Y después:

> *El yo existe como la conciencia conocedora de una sola persona (purusha), y cuando no aparece nada más, se considera que eso es el "logro de la liberación".*

Y también:

> *Aunque todas las entidades relativas están vacías de sí mismas y, por lo tanto, son primordialmente inexistentes, se considera que se ha logrado la iluminación cuando aparece lo último de forma singular. Si esto es así, entonces las dos formas de sostener sus puntos de vista son totalmente similares y no hay diferencia entre ellas.*

A esto debo responder diciendo que la visión que mantiene la tradición Jonang no es la misma que la de la Samkhya. Ningún erudito imparcial afirmaría lo contrario. Salvo aquellos que basan sus afirmaciones en prejuicios, nunca se ha dado el caso de que sean "totalmente similares".

Cuando los Samkhya clasifican los objetos de conocimiento en veinticinco categorías, utilizan las siguientes: (1) lo principal o naturaleza (*prakriti*); (2) lo grande (*mahat*); (3) el orgulloso sentido del yo (*ahamkara*); (4-8) los cinco elementos sutiles (*tanmatras*); (9-13) los cinco elementos burdos (*mahabhuta*); (14-24) las once facultades que consisten en cinco órganos de los sentidos (*panchendriyas*), cinco órganos de acción (*karmendriyas*) y la facultad mental del discernimiento, el razonamiento y la inteligencia causal (manas); y (25) el yo que existe como la conciencia conocedora de una sola persona (*purusha*).

Las veinticinco categorías que utiliza el Jonang son: (1) los agregados; (2) los constituyentes; (3) las fuentes sensoriales; (4) la naturaleza de la que surgen los agregados; (5) el contenedor, es decir, el mundo; (6) su esencia, es decir, las formas de los seres sensibles; (7) la mente; (8) el intelecto; (9) la conciencia; (10) los fenómenos que son las bases a las que se atribuyen características; (11) los fenómenos que son las características que se atribuyen; (12) los fenómenos irreales; (13) la base de la sensación; (14) la base de la percepción; (15) la base de las formaciones; (16) la imputación de los objetos; (17) la imputación del tiempo; (18) la imputación de la realidad; (19) las cosas irreales que resultan del cambio; (20) las cosas irreales que dependen de las cosas reales; (21) aquellas cuya existencia es imposible; (22) el camino común; (23) el camino no común o particular; (24) el camino recorrido hasta el nivel de un victorioso; y (25) la talidad.

La forma en que se clasifican estos temas se explica con claridad y detalle en la obra de Taranatha, *Comprensión de los Comentarios del camino medio del Gran Vehículo*. Con la única excepción de que hay el mismo número de categorías, es muy fácil ver que estas dos listas son completamente diferentes. Aunque es cierto que el Jonang utiliza números e incluso nombres similares a los que se encuentran en los textos hindúes, se trata de un medio hábil que los maestros emplearon para hacer madurar las semillas en los estudiantes. En realidad, es algo muy positivo. Si alguien lo considerara herético, sólo demostraría su ignorancia. Si se condenara de heréticos a todos los textos que utilizan esta técnica, también habría que rechazar el glorioso *Tantra de Kalachakra* y muchos otros textos.

Además, es tan obviamente erróneo afirmar que el Jonang carece de una tradición textual que respalde la idea de que la liberación se alcanza mediante la no aparición de lo relativo y la sola aparición de lo último, que semejante declaración se refuta a sí misma con sólo mencionarla. Cuando lo relativo aparece para algunas mentes, lo último no aparece. Y cuando lo último aparece para algunas mentes, lo relativo no aparece. Como dice el regente Maitreya en su *Distinción del medio y los extremos*:

> *Cuando los fenómenos aparecen, la naturaleza de los fenómenos*
> *no aparece.*
> *Cuando los fenómenos no aparecen, la naturaleza de los fenómenos*
> *aparece.*

La visión Jonang concuerda con esto. Hay demasiados críticos que intentan tergiversar nuestra visión para que encaje con sus propias concepciones erróneas. Dolpopa y sus seguidores nunca hicieron tales declaraciones erróneas. Si lo hubieran hecho, y fuera cierto que las posiciones que son similares en un aspecto son necesariamente similares en todos los aspectos, entonces sería como Taranatha explicó en el *Ornamento del Madhyamaka Zhentong*:

> *Algunos incluso dicen que "dado que la tradición de la vacuidad de lo otro es similar a la de los no budistas Samkhya, está engañada".*

> *Aunque la visión cittamatrin contradice las tradiciones no budistas, obras como el Tesoro del Abdhidharma, que se enorgullecen de sus grandes y excelentes explicaciones, sostienen que los textos del gran vehículo son similares a los de los no budistas. Se trata de una locura motivada por una envidia perniciosa.*

> *Si, por todo lo que es igual, se convierte en una tradición no budista, entonces se aniquilarían los principios filosóficos de las cuatro doctrinas. Si ser iguales en algunos aspectos significa que son similares en todo, las dos escuelas de los shravakas son iguales a los vaisheshikas hindúes.*

Los yogacharin serían seguramente iguales a los samkhyas. Ser monje sería lo mismo que ser jainista. Las tradiciones no budistas también meditan sobre la compasión. La conducta del mantra secreto es similar a la de los shaivitas.

La escuela pancharatra de Vishnu es similar a la escuela madhyamaka, ya que también trasciende por completo el mero etiquetado. Se abandonan por completo tanto a los entes reales como a los no entes. Están verdaderamente libres del análisis y la síntesis [de los procesos mentales].

El rey Vaishravana incluso enseñó:

De hecho, la realidad no existe.
La irrealidad tampoco tiene realidad.
Quien conoce esto comprende la talidad
y está completamente liberado de lo real y lo irreal.

También se enseña en la 'Bella composición sobre Shiva':

Es cierto que "el único hijo puro es supremo".
Él es el señor de la comprensión, con cualidades ilimitadas.
Quienes afirman que él es la existencia singular,
enuncian una expresión que tiene una acción cual lazo.

Según estas palabras, existen muchas similitudes entre las enseñanzas de las doctrinas hindúes y las del mahayana. Las únicas excepciones parecen ser, hasta cierto punto, las enseñanzas sobre la vacuidad de sí mismo. Sin embargo, exagerar las similitudes y afirmar que son exactamente lo mismo sería un error considerable. En el *Autocomentario para el 'Ornamento del camino medio'*, Shantarakshita explica que hay una serie de textos no budistas que concuerdan con las enseñanzas budistas:

*De hecho, hemos oído hablar de las características vacías de Vishnu. He-
mos hallado los grandes y pequeños cantos sobre la esencia, los cantos
sobre Shiva y Yuddhisthira, la "sampada" de Shiva y los textos de los
samkhyas. Según nuestras palabras, los samkhyas tienen dos falsedades:
purusha y prakriti. Algunas de sus palabras también concuerdan con los
textos de los mantras.*

*Los textos de Vishnu son similares a los de los prasangikas. Los de los sha-
ivitas suenan como los de los svatantrikas. Si sólo dos aspectos similares
hacen que estas enseñanzas sean iguales a las que exponen nuestras propias escuelas, entonces, cuando se escuchen las excelentes enseñanzas de
los samkhyas, nosotros, los budistas, también nos volveríamos excelentes.*

Lo que esto quiere decir es que no se debe aseverar que los budistas son
no budistas simplemente porque una parte de su doctrina es la misma que
la que ellos enseñan. Esto debería ser obvio.

La falta de afirmar la impureza permanente

Sin embargo, Chokyi Nyima prosigue diciendo:

*Dicha conciencia fundamental, así como las otras que se incluyen en las
ocho colecciones de conciencia, tiene una naturaleza impura. Decir esto
es similar al análisis no budista de sus afirmaciones sobre la naturaleza
de una mente impura.*

A esto diría, entonces, que en un análisis no budista, la impureza y la
mente existen de forma combinada y no es posible separarlas. Sin embargo, los Jonang, como todos los budistas, afirman que las ocho colecciones de conciencia no están mezcladas inseparablemente con los estados
aflictivos de la mente y otras impurezas, por lo que es ciertamente posible
separarlas. La mente relativa que enseña Chokyi Nyima no concuerda con
esta mente iluminada. Tal mente tiene una naturaleza luminosa primor-

dial y, en realidad, nunca ha estado cubierta por impurezas. Como dice Nagarjuna en su *Elogio al Dharmadhatu:*

Entre los estados aflictivos de la mente,
la sabiduría primordial mora tal cual, libre de máculas.

Del mismo modo, lo que enseña el Jonang es la cognición válida de la verdad última. La cognición válida relativa, que se cree que la refuta, nunca surge en la mente de un practicante Jonang. Por lo tanto, esa mente nunca puede refutar auténticamente la visión Jonang.

Por el contrario, esta visión está establecida plenamente. Como escribió Dharmakirti en su *Comentario sobre la cognición válida:*

Ya que son permanentes y sin extremos,
¿cómo no iban a conocerse también los métodos?

Esto enseña que uno debe abandonar nociones como las de los hindúes, que afirman que las máculas son permanentes y sin extremos. Puesto que el Jonang nunca proclama esto, ¿por qué estos críticos se empeñan en decir que sí lo hacen?

La falta de no concordar con Nagarjuna

Aunque se cree que Gowo Rabjampa mencionó una vez que Jetsun Remdawa hizo acusaciones al respecto, no proporcionó detalles sobre cuáles eran. Como ya lo he refutado muchas veces, no creo que necesitemos dedicar demasiado tiempo a esto.

Sin embargo, para ilustrar algunas de estas críticas, se plantea la idea de que los defensores de la vacuidad de lo otro están, en cierto modo, "fuera" de la tradición de *Arya Nagarjuna, ya que ni en la Colección de razonamientos* ni en su *Colección de elogios* se encuentran palabras que fundamenten esta posición filosófica. El hecho de que efectivamente hay palabras que establecen la visión de la vacuidad del otro al principio, en medio y al final de esos textos está bien fundamentado, por lo que no es necesario abordar aquí esa falta.

En caso de que fuera absolutamente necesario proporcionar un ejemplo, podríamos considerar el *Elogio al Dharmadhatu*, en el cual Nagarjuna afirma:

Los sutras que enseñan la vacuidad,
tantos como enseñó el Victorioso,
todos ellos eliminan las aflicciones,
pero no afectan la naturaleza búdica.

Al igual que el agua que se encuentra en la tierra
carece de impurezas,
así también la sabiduría primordial que mora entre las aflicciones
carece de impurezas.

En numerosos pasajes pueden observarse palabras semejantes, y no hay ninguna razón sensata para argumentar en su contra. Por ejemplo, en el *Continuo Sublime* se dice:

Aquello que tiene las características de ser separable
es puro de lo adventicio; por lo tanto, su naturaleza es vacía.
Sin embargo, aquello que tiene la característica de ser inseparable
es el Dharma insuperable; por lo tanto, no está vacío.

También en su *Breve enseñanza que establece la visión*, Manjushri dice:

La vacuidad que proviene del análisis de los agregados
es como un árbol de plátano que no tiene corazón.
La vacuidad con todos los aspectos supremos
no es de ese modo.

Las enseñanzas de estos pasajes concuerdan con numerosas otras que se encuentran en las tradiciones textuales de Maitreya y Manjushri, así como de Asanga y Nagarjuna. Esto es fácil de comprobar. En concreto, el fundamento de la visión Jonang sobre la vacuidad de lo otro se presenta en los textos de los excelsos Maitreya y Asanga. Los textos del noble Nagarjuna afirman que ciertamente no hay manera de refutar la percepción, sino solo la existencia de los ocho extremos que posteriormente se proyectan sobre ella. La única excepción son las se afirmaciones erróneas imputadas, que sí pueden refutarse.

Aunque un ser inferior como yo no pueda comprender las críticas del excelente erudito de la escuela Sakya, que sin duda es una emanación de los budas y bodhisattvas, aún puedo adquirir seguridad sabiendo que poseo muchas citas y una motivación pura para buscar la realidad tal como es. Por lo que he visto en sus enseñanzas, la validez de la percepción pura es de una intensa lucidez, y el aspecto erróneo queda claramente explicado. Si los seres realizados pueden verificar que las críticas que Remdawa hace de la tradición Jonang son ciertas, entonces quizá sería muy beneficioso que se presentaran y me ayudaran a mí y a quienes son como yo. Por lo tanto, les pido humildemente que expongan sus excelentes explicaciones, que aún no existen.

OTRAS CONCEPCIONES ERRÓNEAS COMUNES

Si intentara responder a todas y cada una de las críticas infundadas que la gente plantea, se necesitaría un gran número de palabras que, en mi opinión, no son realmente necesarias. Por ello, me gustaría ofrecer un breve resumen de los malentendidos más comunes para esclarecer varias faltas de un plumazo.

Me gustaría comenzar echando un vistazo al estilo de los comentarios de muchos de los defensores actuales de la vacuidad de lo otro, quienes parecen estar confundidos respecto a lo que realmente significa "estar libre de elaboraciones". Como dijo Dolpopa Sherab Gyaltsen en su *Dharma de la montaña:*

Según el giro medio, después de meditar en la naturaleza trascenden-talmente profunda de los fenómenos como no conceptuales y libres de elaboración, luego, durante las distinciones claras de la post-meditación, cuando los fenómenos se disciernen correctamente de forma individual, es similar a lo que se enseña en el giro final y también en el Vajrayana. Cuando esto se señala con buenas distinciones...

Algunos de los que comentan este pasaje dicen que, al alcanza el modo dicen que alcanar el modo último de ser de las cosas es la naturaleza búdica, libre de elaboraciones. Afirman que esta visión no difiere en absoluto de la de los defensores del vacío de sí mismo y que procede de las mismas fuentes escriturales.

Sin embargo, otros dicen que en realidad no es así y, citando las escrituras, afirman que la meditación de los nobles es una no percepción libre de elaboraciones, es decir, la ausencia de cualquier tipo de experiencia. No obstante, semejantes comentarios también indican que no ha surgido nadie que aclare si las cosas son así o no. Esto demuestra que no comprenden el significado de la cita anterior.

Aunque estoy de acuerdo en que el modo último de todos los fenómenos es la naturaleza búdica libre de todas las elaboraciones, sería un grave error obsesionarse demasiado con la idea de estar "libre de elaboraciones", dado que la naturaleza búdica está llena de las innumerables elaboraciones últimas del dharmakaya. Afirmar que esas cualidades no se experimentan con la sabiduría primordial de la meditación de un noble es un gran error irreversible, ya que implica que lo que aprehende la sabiduría primordial de la meditación de un noble no corresponde a la realidad.

El significado intencionado de la escritura que se discute es que, cuando los yoguis meditan, deben trascender todas las características elaboradas de lo relativo en el momento de experimentar la sabiduría primordial de la meditación de un noble. Esto jamás podría significar que la sabiduría primordial de la meditación de un noble simplemente experimenta la libertad de todo tipo de elaboración.

Cuando dice "durante las distinciones claras", tal y como se ha descrito anteriormente y basándose en las propias anotaciones de Dolpopa, está claro que hay que desprenderse por completo de esas elaboraciones relativas. Sin embargo, no debemos pasar por alto el uso del verbo en este contexto. Si no se comprende el significado sutil del verbo "meditar" en "después de meditar en la naturaleza trascendentalmente profunda de los fenómenos como no conceptuales y libres de elaboración", es evidente que no se penetrará en el significado más profundo.

Si analizamos esta declaración mediante el razonamiento, comprenderemos la naturaleza profunda de los fenómenos: la naturaleza búdica. Al contar con esta comprensión, debería resultarnos evidente que está separada de todas las elaboraciones de características conceptuales relativas. Creo que todo el mundo estaría de acuerdo.

La razón es que todas las acciones que se realizan con una mente conceptual se llevan a cabo necesariamente mediante elaboraciones. No puede operar sin ellas. Por lo tanto, para ir más allá de las elaboraciones de la verdad relativa, es necesario apoyarse en la sabiduría primordial no conceptual. De lo contrario, es imposible experimentar la naturaleza búdica.

La manera de negar las elaboraciones se fundamenta en las auténticas doctrinas de los budas, especialmente en las instrucciones esenciales de los lamas. Con base en ellas, uno debe negar todas las concepciones. De lo contrario, no habrá forma de que surja una mente no conceptual y completamente libre de elaboraciones conceptuales sin hacer girar perpetuamente la rueda de la mente conceptual.

Sin embargo, la esencia de lo que se expone aquí es que muchas personas tienen estos malentendidos y carecen de comprensión porque oyen las palabras "la sabiduría primordial de la meditación de un noble debe estar libre de todas las elaboraciones" y no entienden que se está hablando del modo de meditar. En cambio, piensan que estas instrucciones son descripciones de cómo existe realmente la naturaleza búdica.

Los comentarios que afirman que no pueden existir elaboraciones de ningún tipo en la naturaleza búdica están sencillamente equivocados. Estos autores pueden pensar que presentan una visión del modo de ser de las cosas desde la perspectiva de la vacuidad de lo otro, pero, al fin y al cabo, están sosteniendo que la naturaleza búdica está vacía de sí misma. ¿Cómo podría ser la inexistencia el modo de ser de las cosas? La talidad, es decir, la naturaleza búdica que está vacía de lo otro, también se caracteriza por poseer necesariamente la naturaleza de innumerables elaboraciones últimas. Esta característica no depende de estar libre de las cualidades relativas que son objeto de refutación, ni de que alguien clasifique la mente de la meditación como libre de elaboraciones. La naturaleza búdica última posee, de forma primordial, la esencia de ilimitadas cualidades.

Ante esto, alguien podría pensar, "Esa afirmación simplemente está equivocada. Ninguno de los eruditos o consumados practicantes de la India o el Tíbet la enseña". Diría, entonces, que eres libre de hacer esa aseveración; no obstante, se deduciría que la ausencia de elaboraciones no es una sabiduría primordial no conceptual, ya que estoy afirmando que en realidad no está libre de elaboraciones.

Cuando tales autores hablan de "las elaboraciones de lo último", a menudo omiten la frase "de lo último". Por lo tanto, al hablar de la idea de las elaboraciones, responden que esto significa que la naturaleza búdica debe estar completamente libre de ellas. Esta interpretación puede generar una visión errónea y dar lugar a diversas formas de apego a las palabras literales, como aferrarse a expresiones como "libre de elaboraciones" y otras similares. Esto es una clara señal de que no han comprendido realmente el modo último y no conceptual de ser de las cosas.

Además, si defienden la ausencia de elaboraciones simplemente para ganar una discusión, entonces, debido a las motivaciones defectuosas de los ocho dharmas mundanos, sus enseñanzas carecen por completo de cualquier beneficio profundo. Algunos, aunque no tienen esa motivación defectuosa, están tan acostumbrados al hábito de decir "libre de elaboraciones" y de no permitir "elaboraciones" de ningún tipo, que se aferran firmemente a esos hábitos sin siquiera reflexionar. Aunque están convencidos de que describen con exactitud cómo son las cosas, sus afirmaciones carecen de validez.

La razón es que no consideran otras interpretaciones. Esto les lleva a malinterpretar el significado fundamental de estas enseñanzas y a aferrarse al punto de vista con el que están más familiarizados. Sin embargo, pueden pensar que, al dejar la mente en su estado natural, necesitan esforzarse por destruir todas las apariencias de forma persistente.

Sin embargo, una persona sensata debería ser capaz de reconocer que no todas las elaboraciones son necesariamente malas. En lugar de pensar que todas las elaboraciones son definitivamente negativas, tiene mucho más sentido clasificarlas en buenas y malas, basándose en una clara distinción del tipo de base sobre la que se elaboran y en la manera en que surgen. Al comprender esto, se puede discriminar qué tipo de elaboraciones deben o no apartarse de cada tipo de base.

Por ejemplo, en el momento de la luminosidad, también hay, por supuesto, algunas elaboraciones. En ese estado, uno se siente verdaderamente relajado y gozoso. Dado que todas las cualidades distintivas de la realidad última son sus elaboraciones, no es necesario apartarse de ellas. Si se comprende que tal separación no es ni deseable ni posible, a partir de ese momento la mente se vuelve relajada y gozosa.

Para meditar sobre el modo en que son las cosas, un yogui debe empezar por tener una mente completamente libre de fenómenos. Solo así podrá experimentar la naturaleza búdica, cuya naturaleza es el surgimiento de todos los aspectos. De lo contrario, si comienza a meditar con una mente llena de características conceptuales, no podrá aprehender la naturaleza búdica, que está dotada de la naturaleza de las innumerables cualidades del dharmakaya. Esto solo puede lograrse a través de la experiencia de la sabiduría primordial autoconsciente.

Dentro de esta tradición, la mente no conceptual real no se puede alcanzar mediante el análisis de la mente conceptual, ya que esta última mira hacia afuera, hacia las apariencias dualistas de sujeto y objeto. Sin embargo, la talidad o naturaleza búdica no es de esta manera. La naturaleza búdica está necesariamente separada de todas las elaboraciones dualistas de lo relativo.

Decir que, cuando un ser noble medita sobre la naturaleza búdica, no debe experimentar nada más que una mera ausencia de elaboraciones es un completo disparate. Quienes afirman esto claramente no están prestando atención a las reglas más básicas de la lógica y el significado. Si tuviera que añadir comentarios al pasaje anterior, basándome en las notas del propio Dolpopa sobre el *Dharma de la montaña*, diría lo siguiente:

[Cuando uno practica el abando completo de los pensamientos conceptuales] según el giro medio, después de meditar en la naturaleza trascendentalmente profunda de los fenómenos como no conceptuales y libres de elaboración [que es como haber sido despertado de un sopor profundo en un sueño]...

El significado de decir "el abandono completamente los pensamientos conceptuales" debería ser fácil de entender. Las palabras "meditar en" también son claras. Más adelante dice:

...entonces durante las distinciones claras de la post-meditación [que es como despertar completamente del sueño], cuando los fenómenos se disciernen correctamente de forma individual, es similar a lo que se enseña en el giro final y también en el Vajrayana. Cuando esto se señala con buenas distinciones dentro del contexto de la práctica completa del significado profundo de las escrituras Mahayana, uno no cometerá errores y estará completamente en lo correcto.

Esto significa que, si se lleva a cabo este tipo de meditación de acuerdo con la realidad, hay existencia e inexistencia, vacío y no vacío de sí mismo, faltas que se abandonan y virtudes que se adoptan, negación no afirmante y negación afirmante, abandono y realización, y así sucesivamente. Lo que se enseña es a discriminar bien cómo todo esto reside dentro de la naturaleza de los fenómenos.

Así pues, gracias a estas palabras y a las que siguen, queda muy claro que la naturaleza búdica no sólo está libre de elaboraciones, sino que también posee todas las cualidades iluminadas. Por lo tanto, es inútil tratar de establecer una supuesta tesis no demostrada que refute la realidad. Tal acto es simplemente un desperdicio de los dones y libertades preciosos de este nacimiento humano. Debemos procurar evitarlo a toda costa.

A partir de la práctica de otras meditaciones centradas en las verdades relativas generadas por la mente, hay quienes intentan explicar que eso es suficiente para realizar la verdad última. Sin embargo, la talidad nunca puede ser una realidad libre de elaboraciones en el sentido de una mera ausencia. Si lo fuera, entonces la afirmación de que lo último está dotado de todos los aspectos, tiene todas las cualidades iluminadas y posee la naturaleza de innumerables cualidades inmaculadas, quedaría destruida junto con todas estas numerosas clasificaciones.

Algunos críticos pueden decir, entonces, que la idea del ser último dotado de todas las cualidades no es más que una clasificación provisional de la mente relativa en post-meditación. Basándose únicamente en la práctica del giro medio, sostienen que la verdad última, que carece de faltas de contradicción e incongruencia, no es más que una libertad sin características de elaboración. Esta idea supone una gran depreciación de la realidad y representa una considerable trampa para la mente.

Gracias al inmaculado Dharma de nuestro bendito Maestro, queda muy claro en los muchos sutras y tantras que se han preservado en el Tíbet, que el gran camino medio de la vacuidad de lo otro enseña correctamente el modo último de ser de las cosas. Esto se establece claramente establecido en un gran número de escrituras y razonamientos válidos. No hay nada en las escrituras que pueda contradecirlo. Del mismo modo, debería ser igual de claro que la visión del vacío de sí mismo no es lo último.

La única razón por la que no somos capaces de lograr la iluminación en esta vida se debe únicamente a la presencia de poderosas tendencias habituales, a estar obsesionados con nuestros propios puntos de vista o a continuar perpetuando determinados argumentos sesgados. Aunque todo esto ocurra, aún hay esperanza de liberación, porque podemos dejar de considerar nuestros prejuicios como absolutos a partir de este momento. La forma de hacerlo es a través de los caminos de la visión y la habituación. Esto concuerda con la apariencia de las percepciones superiores.

Aunque aquí hemos ofrecido traducciones de las distintas escrituras con el fin de ayudar a despejar dudas, es importante que no se distorsionen para adaptarlas a las preferencias personales. Son explicaciones excelentes y deben conservarse con la mayor autenticidad posible. Sin embargo, tengo la sincera esperanza de que, gracias a este lenguaje claro, la mente de todos se libere de las concepciones erróneas.

— Jetsun Taranatha —
Maestro imparcial de los Seis Yogas Vajra de Kalachakra.

CAPÍTULO SEIS

Extractos de la tradición textual

Independientemente de lo de acuerdo que estén con mi motivación, sigue teniendo valor realizar este análisis, aunque sólo sea para ayudarme a superar mi propia tendencia a la pereza. Sin ninguna habilidad innata para la retórica, he elaborado esta explicación con la esperanza de que brinde algún pequeño beneficio, al ayudar a identificar los puntos clave que generalmente son difíciles de verificar.

Ahora, como resumen final de este trabajo, me gustaría ofrecer una traducción de las palabras reales de Dolpopa Sherab Gyaltsen y Jetsun Taranatha, los dos grandes maestros tibetanos que aclararon por completo el significado definitivo.

EXTRACTO DE LA "UNIÓN LUMINOSA"
POR JETSUN TARANATHA

El primer fragmento que he elegido proviene de la obra 'Unión luminosa', escrita por Jetsun Taranatha. En este texto, la visión de la vacuidad de lo otro —el gran camino medio de la Era de la Perfección— se presenta como una visión que desarraiga por completo todo aferramiento a la identidad propia y a las características. Aquí, con su especial y tan apreciada manera de expresarse, se explica la visión última —como un vajra indestructible— en relación con el profundo camino del yoga vajra, lo cual resulta muy útil para disipar las objeciones que caen fuera de esta visión, dado que está escrito en forma de respuestas a preguntas. Cuando leí este texto por primera vez, desarrollé una profunda aspiración de que todos los seres pudieran realizar esta verdad última, por lo que lo he incluido aquí.

El yoga vajra es el yoga del gran camino medio último, que une la vacuidad referencial con la compasión no referencial del gozo inmutable. Las tres fases de la base, el camino y el resultado surgen porque todas ellas moran en este camino medio último. Así lo indica el rey de los tantras, el glorioso *Kalachakra:*

> *La tesis de quien es exponente de la vacuidad y la compasión no duales no puede ser dañada.*

También se dice en el *Gran comentario,* con respecto a esta vacuidad y compasión:

> *La compasión que está presente aquí es no referencial, y la vacuidad, que está libre de pensamientos conceptuales, está dotada de todos los aspectos supremos. Así, para conocer los tres tiempos, uno se introduce en los tres tiempos.*

Algunos pueden objetar a esto diciendo, "¿No se enseña que el camino medio es el modo de ser de las cosas, más allá de los extremos?". Como se ha dicho:

> *No existente, ni inexistente, ni ambos;*
> *tampoco de la naturaleza de ninguno;*
> *completamente liberado de los cuatro extremos.*
> *Esto es precisamente lo que encuentran los practicantes*
>   *del camino medio.*

¿No indica esto que, tanto en las descripciones convencionales como en la realización experimental del modo de ser de las cosas, el camino medio es la liberación de los extremos? Del mismo modo, podemos observar que las escrituras dicen:

*Así, cuando se buscan todos los fenómenos aparentes
mediante el razonamiento, no se encuentra ninguno.
Encontrar su 'ausencia de ser' es lo último.*

¿No es cierto esto? Mediante un análisis minucioso de los objetos conocibles, se aprehende que estos nunca han existido de manera primordial. Cuando nos involucramos con la apariencia de los objetos, aprehender la mente que sólo reposa en sí misma se clasifica, meramente de forma convencional, como la realización de la liberación de los extremos.

En resumen, no hay nada que realizar, ya en lo absoluto no se establece nada en absoluto. Como lo relativo es mera apariencia vacía, no se dice que exista ni que no exista, ni que sea o que no sea. Esta aseveración representa la comprensión adecuada del camino medio de la base, el camino y el resultado. Sin embargo, el gozo existe para ser experimentado y los reflejos ilusorios existen para ser vistos. Estas cosas reales existen convencionalmente como fenómenos de lo relativo.

A esto respondería que este razonamiento no es propio del camino medio. La talidad, tal como la describe, sería un aspecto completamente distinto. No se trataría del modo de existencia similar a la unión que establece el deleite completo. Además, al meditar de esa forma, no se revierte el aferramiento a las cosas reales, ya que la existencia de las cosas reales implica la contradicción entre el aprehensor y lo aprehendido. Como dice el refrán: "Al constatar que un árbol existe en el este, no se revierte la constatación de que una montaña existe en el oeste".

Así, con este razonamiento, los expertos en lógica, arrogantes por haber comprendido la naturaleza de los fenómenos, dan la espalda al modo último de existencia del significado definitivo. Como resultado, no pueden asimilar el profundo mantra secreto en medio de la gigantesca oscuridad de las concepciones erróneas.

Aunque estos lógicos ciertamente han analizado las dos verdades de manera muy extensa, si penetramos en su esencia, veremos que es de la siguiente manera: en la opinión mundana, si hay certeza de que hay un león en una cueva determinada, podemos deducir que no habrá ningún zorro. Si hay certeza de que ha salido el sol, podemos deducir de que no hay oscuridad. Del mismo modo, si se tiene certeza de que la sabiduría primordial última existe primordialmente dentro de los tres reinos, podemos darnos cuenta de que, desde el principio, los tres reinos de conciencia relativa nunca han existido.

Al meditar en el gozo y la forma vacía, se revierten tanto el aferramiento a las cosas reales como la apariencia de éstas. La unión de la forma vacía y el gozo inmutable trasciende los extremos de la negación y el establecimiento, de lo real y lo irreal, de la existencia y la inexistencia, del ser y el no ser. Esto se debe a que es lo último, incondicionado y no compuesto.

Ciertamente, los objetos sustanciales no se establecen de forma independiente. Incluso sin razonarlo, si afirmamos que algo es "sustancial", estamos imponiendo a la fuerza sobre ese objeto varios sesgos extremos y consecuencias absurdas. Sin embargo, ¿de qué sirve responder a la mera liberación de los extremos de tu tradición? Tanto si se superpone a cosas reales como a irreales, sin un razonamiento, son lo mismo.

En la fase del camino, aunque la absorción meditativa de la paz gozosa y la diligencia sea algo real y compuesto, también es el medio para revertir el aferramiento a las cosas reales, como el fuego que surge de la madera y se quema a sí mismo y a la madera.

Por esta razón, lo que realizan los yoguis es la sabiduría primordial, que está libre de todos los extremos. Esto es lo que alcanzan quienes meditan en el camino, lo que conocen los budas y lo que es adecuado para ser el modo permanente que se manifiesta en todos los fenómenos. Sin embargo, la mera liberación de los extremos que argumentas no es nada de eso. No puede establecerse como aquello que se realiza, se alcanza, se conoce o en lo que se mora. Por el contrario, es completamente inadecuada para ser realizada, alcanzada, conocida o habitada.

Si la talidad no existe, entonces la conciencia que la realiza tampoco existe, por lo que la liberación de esa conciencia es imposible. Si la liberación puede existir separadamente de la realización por parte de la conciencia, entonces todos estarían igualmente liberados y la no liberación sería imposible. Así, el logro, la realización y demás serían inexistentes. Si piensas que serás liberado simplemente sabiendo que ellos son inexistentes, eso también es imposible porque tú, el conocedor, también eres inexistente.

Por lo tanto, aunque se enseñe que los fenómenos son completamente inexistentes para cortar el apego a las cosas sustanciales, desde la perspectiva de los nobles, la naturaleza de los fenómenos y lo que es realizado por la sabiduría primordial no es así. Si uno se pregunta cómo es el Dharmadhatu en la conciencia individual y personal de un noble, esta es la sabiduría primordial coemergente. Por ejemplo, piensa cómo se puede eliminar el veneno de una buena comida para poder saborearla y comerla: reconocer que el veneno es inexistente no ayuda a disfrutar de una comida que es eternamente inexistente.

Las percepciones experimentadas de gozo inmutable y forma vacía nunca son percibidas por las ocho colecciones de conciencia, sino que son experimentadas por la sabiduría primordial autoconsciente que se conoce a sí misma. Como se dice en la *Enseñanza breve que establece la visión*:

La vacuidad que proviene del análisis de los agregados
es como un árbol de plátano que no tiene corazón.
La vacuidad con todos los aspectos supremos
no es de ese modo.

Dado que carecen de surgimiento y cesación,
todos los conocibles se perciben de esta manera.
La entidad de estar vacío es vacuidad.
No es la vacuidad del análisis de los agregados.

Tal y como se enseña allí, cuando la vacuidad de la mera liberación de los extremos se convierte en el objeto de la forma habitual de aprehensión de una mente, la meditación no trasciende lo conceptual, porque tal objeto irreal nunca puede convertirse en el objeto de una conciencia no conceptual. Nunca puede ser el tipo de vacuidad sobre el que se debe meditar; sólo es algo que puede comprenderse mediante la práctica de la escucha y la contemplación.

SÚPLICAS AL SIGNIFICADO DEFINITIVO
POR DOLPOPA SHERAB GYALTSEN

El segundo extracto es una breve oración de súplica titulada "Súplicas al significado definitivo" y compuesta por el omnisciente Dolpopa Sherab Gyaltsen. Al leer esta oración, espero que establezcas las conexiones necesarias para que se haga realidad la visión profunda en tu mente.

OM. Suplico ante el Guru y las Tres Joyas,
por favor, ¡concédannos sus bendiciones!

Qué lamentables son quienes confunden la conciencia y la sabiduría primordial como si fueran una sola. Por favor, ¡sostennos con
   tu compasión!

Qué lamentables son quienes confunden el vacío de sí mismo con el vacío de lo otro como si fueran uno solo. Por favor, ¡sostennos con
   tu compasión!

Qué lamentables son quienes confunden lo relativo y lo último como si fueran uno solo. Por favor, ¡sostennos con tu compasión!

Qué lamentables son quienes confunden los fenómenos y la naturaleza de los fenómenos como si fueran uno solo. Por favor, ¡sostennos con
   tu compasión!

Qué lamentables son quienes confunden los extremos y el medio como si fueran uno solo. Por favor, ¡sostennos con tu compasión!

Qué lamentables son quienes confunden lo fabricado y lo natural como si fueran uno solo. Por favor, ¡sostennos con tu compasión!

Qué lamentables son quienes confunden lo incidental y lo fundamental como si fueran uno solo. Por favor, ¡sostennos con tu compasión!

Qué lamentables son quienes confunden lo imputado y lo completamente establecido como si fueran uno solo. Por favor, ¡sostennos con tu compasión!

Qué lamentables son quienes confunden las aflicciones y la iluminación completa como si fueran una sola. Por favor, ¡sostennos con tu compasión!

Qué lamentables son quienes confunden el samsara y el nirvana como si fueran uno solo. Por favor, ¡sostennos con tu compasión!

Qué lamentables son quienes confunden las verdades del sufrimiento, el origen y la cesación como si fueran una sola. Por favor, ¡sostennos con tu compasión!

Qué lamentables son quienes confunden lo exterior, lo interior y el otro supremo como si fueran uno solo. Por favor, ¡sostennos con tu compasión!

Qué lamentables son quienes confunden las faltas y las cualidades iluminadas como si fueran una sola. Por favor, ¡sostennos con tu compasión!

Qué lamentables son quienes confunden lo agotable y lo inagotable como si fueran uno solo. Por favor, ¡sostennos con tu compasión!

Qué lamentables son quienes confunden lo contaminado y lo inmaculado como si fueran uno solo. Por favor, ¡sostennos con tu compasión!

Qué lamentables son quienes confunden lo malo y lo bueno como si fueran uno solo. Por favor, ¡sostennos con tu compasión!

Qué lamentables son quienes confunden lo nacido y lo nonato como si fueran uno solo. Por favor, ¡sostennos con tu compasión!

Qué lamentables son quienes confunden lo producido y lo no producido como si fueran uno solo. Por favor, ¡sostennos con tu compasión!

Qué lamentables son quienes confunden el surgimiento y el no surgimiento como si fueran uno solo. Por favor, ¡sostennos con tu compasión!

Qué lamentables son quienes confunden la destrucción y la no destrucción como si fueran una sola. Por favor, ¡sostennos con tu compasión!

Qué lamentables son quienes confunden el movimiento y el no movimiento como si fueran uno solo. Por favor, ¡sostennos con tu compasión!

Qué lamentables son quienes confunden lo conceptual y lo no conceptual como si fueran uno solo. Por favor, ¡sostennos con tu compasión!

Qué lamentables son quienes confunden la conciencia y la budeidad como si fueran una sola. Por favor, ¡sostennos con tu compasión!

Qué lamentables son quienes confunden a los seres sensibles y a los budas como si fueran uno solo. Por favor, ¡sostennos con tu compasión!

Qué lamentables son quienes confunden los pensamientos discursivos y el dharmakaya como si fueran uno solo. Por favor, ¡sostennos con tu compasión!

Qué lamentables son quienes confunden la cáscara y la pulpa como si fueran una sola. Por favor, ¡sostennos con tu compasión!

Qué lamentables son quienes confunden la falsedad y la verdad como si fueran una sola. Por favor, ¡sostennos con tu compasión!

Qué lamentables son quienes confunden el engaño y el no engaño como si fueran uno solo. Por favor, ¡sostennos con tu compasión!

Qué lamentables son quienes confunden la inexistencia y la existencia como si fueran una sola. Por favor, ¡sostennos con tu compasión!

Qué lamentables son quienes confunden la ilusión y la no ilusión como si fueran una sola. Por favor, ¡sostennos con tu compasión!

Qué lamentables son quienes confunden el sufrimiento y el gozo como si fueran uno solo. Por favor, ¡sostennos con tu compasión!

Qué lamentables son quienes confunden las formas kármicas y la luminosidad como si fueran una sola. Por favor, ¡sostennos con tu compasión!

Qué lamentables son quienes confunden lo que debe ser abandonado y lo que debe ser aceptado como si fueran uno solo. Por favor, ¡sostennos con tu compasión!

Qué lamentables son quienes confunden lo que debe ser rechazado y lo que debe ser alcanzado como si fueran uno solo. Por favor, ¡sostennos con tu compasión!

Qué lamentables son quienes confunden lo que debe ser purificado y la base de la purificación como si fueran una sola. Por favor, ¡sostennos con tu compasión!

Qué lamentables son quienes confunden el resultado producido y el resultado separado como si fueran uno solo. Por favor, ¡sostennos con tu compasión!

Qué lamentables son quienes confunden al productor y al separador como si fueran uno solo. Por favor, ¡sostennos con tu compasión!

Qué lamentables son quienes confunden los cinco venenos y la sabiduría primordial como si fueran uno solo. Por favor, ¡sostennos con tu compasión!

Qué lamentables son quienes confunden el veneno y el néctar como si fueran uno solo. Por favor, ¡sostennos con tu compasión!

Qué lamentables son quienes confunden la oscuridad y la luz como si fueran una sola. Por favor, ¡sostennos con tu compasión!

Qué lamentables son quienes confunden a enemigos y amigos como si fueran uno solo. Por favor, ¡sostennos con tu compasión!

Qué lamentables son quienes confunden las distinciones y la trascendencia como si fueran una sola. Por favor, ¡sostennos con tu compasión!

Qué lamentables son quienes confunden la meditación y la postmeditación como si fueran una sola. Por favor, ¡sostennos con tu compasión!

Qué lamentables son quienes cuentan con muchas tradiciones erróneas basadas en numerosos fundamentos equivocados. Por favor, ¡sostennos con tu compasión!

Qué lamentables son quienes, habiendo conocido el Dharma de la Era de la Perfección, han caído bajo el poder del Dharma de quienes tienen los defectos de la Era de las Tres Partes u otras inferiores. Por favor, ¡sostennos con tu compasión!

Qué lamentables son quienes, aferrándose a algo que no existe, engañan a todos los seres sensibles bajo la gran influencia de las violentas calumnias anteriores. Por favor, ¡sostennos con tu compasión!

¡Qué insoportable es ver caer
a padres, madres e hijos, en un pozo llameante de sufrimiento!
Así pues, esta súplica suprema proviene
del poder de una compasión insoportable.

Aunque es posible que algunos me odien,
yo carezco de toda hostilidad.
Sólo tengo miedo a las transgresiones
y alegría cuando hay bondad.

La razón de esto se explica así:
"Aunque transgredir la disciplina ética sea fácil,
nunca se debe corromper la visión".
Estas palabras sirven para enseñar extensamente esto.

¡Oh, no! ¡Qué horror! ¡Esta era degenerada!
En particular, la corrupción de la visión es rampante.
Por lo tanto, la visión ha degenerado mucho,
y abundan las transgresiones de conducta.

Cuando los nobles compasivos vean plenamente
los daños que se están causando a ambos,
que con la visión, la meditación y la conducta correctas,
nos concedan sus bendiciones completas y perfectas.

Esta súplica se titula la 'Súplica suprema' y posee el significado último y definitivo. La compuso el vagabundo que poseía las cuatro confianzas. Que esto beneficie a las enseñanzas y a los seres sensibles. ¡Que abunden la virtud y los buenos auspicios!

Conclusión

Que gracias a este mérito, el conjunto de impurezas transitorias
que coemergen en los canales con los aires vitales y los que tiran
hacia abajo,
logre rápidamente la naturaleza búdica, el otro supremo,
por medio del gentil poder de los métodos profundos.

Cualesquiera que sean las virtudes blancas de los esfuerzos aquí
mostrados,
que el océano de aspiraciones se mezcle con la excelente asamblea
de los bodhisattvas, como los Reyes Kalki de Shambala
y que se manifieste la segunda Edad de Oro de este mundo.

Que gracias a la mente excelsa, libre de contaminación y carente
de errores,
y al poder de la compasión de los bodhisattvas de los grandes bhumis,
nos adentremos en este excelente camino de conexión primordial,
logrando inmediatamente todos los objetos de aspiración.

Extendiéndose a lo largo de miles de años,
cientos de miles de proponentes majestuosos expusieron su visión
y su doctrina
mediante minuciosas presentaciones que establecen lógicamente una
sabiduría discriminativa.
Así pues, algunos podrían considerar esta pretensión de análisis como
una vergüenza.

Sin embargo, no escribí este texto por arrogancia ni por el deseo
de presumir,
ni tampoco para obtener elogios para mí mismo, movido por el apego.

Lo hice simplemente para aclarar todo lo que no sabía o no
    había comprendido
en relación con mi propia predisposición hacia el Dharma
    de la tradición tibetana.

Si algo bueno se desprende de este texto, es gracias a la bondad
de muchos maestros sagrados, textos y amigos del dharma.
Por lo tanto, no hay razón alguna para que surja la más mínima
    arrogancia.
Dedico cualquier buena virtud para que pueda brindar beneficio
    y felicidad a los demás.

Cualquier aspecto erróneo o confuso que pueda existir aquí
es únicamente responsabilidad mía, lo lamento y me disculpo
    sinceramente por ello.
Que pueda considerar como mis más preciados amigos virtuosos a
    quienes tengan críticas genuinas
y que no responda negativamente a quienes se expresen con
    apego y aversión.

No tengo fama de gran erudito ni poseo los signos externos de logro,
mas, con cierta intuición para distinguir la vacuidad de sí mismo y la
    vacuidad de lo otro,
yo, un vagabundo desconocido que deambula por el mundo,
me he esforzado por escribir esta obra para que fuera más fácil de
    entender para todos.

Aunque no me he esmerado para que esta composición brille
    por su poesía,
y aunque carezco de la capacidad para explicar plenamente
    su profundidad,
si hay alguna palabra adecuada que se ajuste a las necesidades de
    estos tiempos,

dedico cualquier mérito a la realización de la visión del Dharma de la
Era de la Perfección.

Que gracias a cada acto de establecer y honrar el Dharma de la Era
de la Perfección,
mediante la intuición hacia las profundas tendencias del Dharma
de la Era de la Perfección,
la gloria de la paz y el gozo perfectos, en completa armonía con
esta Era de la Perfección,
surjan y transformen nuestro mundo en una nueva Era de la Perfección.

COLOFÓN

Las fuentes de esta obra se remontan a los textos del Omnisciente Maestro Poseedor de las Cuatro Confianzas, el Buda de Dolpo, y a los bellos ornamentos escritos por Jetsun Taranatha. Nacido en la parte meridional de la región de Golok, me conocen en Oriente y Occidente como Shar Khentrul Rinpoché, o por mi nombre de Dharma, Jamphel Lodrö. Escribí este texto en el decimoséptimo año del actual ciclo de sesenta años, el año del Perro de Tierra 992 en el calendario tibetano (2018), el segundo día del mes Nagpa. Sin pretenderlo, el texto se concluyó en medio de los signos auspiciosos que surgieron naturalmente en la ciudad china de Shanghái. Ha sido escrito para que todos los que se encuentren con él puedan realizar y practicar la visión de la esencia del significado definitivo y para que se establezca rápidamente una nueva Edad de Oro de paz y armonía en todo el mundo. Que esta obra sea una causa para que todos vivan de acuerdo con la gloria de la paz y la armonía.

La traducción de este texto se realizó a partir de la versión en inglés, traducida por Ives Waldo en 2018 y editada ligeramente por Ven. Tenpa'i Gyaltsen en 2019. Posteriormente, se cotejó y corrigió con el texto original en tibetano publicado en 2018.

— Khentrul Rinpoché Jamphel Lodrö —

Sobre el autor

Khentrul Rinpoche es un Maestro No Sectario del Budismo Tibetano. Ha dedicado su vida a una gran variedad de prácticas espirituales, estudiando con más de 25 maestros de todas las principales tradiciones tibetanas. Si bien tiene un respeto y apreciación genuino por todos los sistemas espirituales, tiene la mayor confianza y experiencia con su camino personal del Kalachakra Tantra como se enseña en la *Tradición Jonang-Shambhala*.

Rinpoche trae una mente aguda e inquisitiva en todo lo que hace. Sus enseñanzas son tanto accesibles como directas, a menudo enfatizando una sensibilidad muy pragmática. A través de los años, Rinpoche ha sido el autor de una variedad de libros para guiar a sus alumnos. Ha hecho grandes esfuerzos específicamente para traducir y proporcionar comentarios sobre los textos que presentan las etapas graduales del *Camino de Kalachakra*.

Rinpoche cree que nuestro mundo definitivamente tiene el potencial de desarrollar una paz y armonía genuinas mientras se preserva nuestro medio ambiente y humanidad. Esta *Era Dorada de Shambhala* es posible a través del estudio y la práctica del Sistema Kalachakra. Con este fin, Rinpoche ha comenzado a viajar por el mundo para compartir su conocimiento de este linaje único libre de prejuicios sectarios.

Visión de Rinpoche

El Dzokden fue fundado con el propósito expreso de apoyar a Khentrul Rinpoche en la realización de su visión para una mayor paz y armonía en este mundo. A medida que nuestra comunidad continúa creciendo y desarrollándose, más y más personas se están involucrando con este extraordinario esfuerzo.

Para darles una idea del alcance de la visión de Rinpoche, podemos hablar de ocho objetivos que reflejan sus prioridades a corto y largo plazo:

Objetivos Inmediatos

En última instancia, la felicidad duradera y genuina sólo es posible a través de una profunda transformación personal. Ahora más que nunca, necesitamos métodos para desarrollar nuestra sabiduría y actualizar nuestro mayor potencial. Es por esta razón que Rinpoche le da tanta prioridad a la preservación del Linaje Jonang Kalachakra. Hay cuatro formas en que Rinpoche propone hacer esto:

1. **Crear oportunidades para conectarse con un linaje auténtico y completo del Kalachakra en estrecha colaboración con meditadores dedicados en el remoto Tíbet.**Nuestro objetivo es crear todos los apoyos para la práctica de Kalachakra de acuerdo con los auténticos maestros del linaje que han mantenido esta tradición durante miles de años. Hacemos esto al encargar estatuas y pinturas, escribir libros y dar enseñanzas en todo el mundo. Ponemos especial énfasis en garantizar la autenticidad de nuestros materiales, aprovechando la experiencia profunda de meditadores altamente realizados que dedican sus vidas a estas prácticas.

2. **Establecer centros de retiro internacionales para el estudio y la práctica del Kalachakra.** Para integrar las enseñanzas en nuestras mentes, es crucial tener la oportunidad de participar en períodos de práctica intensiva. Por lo tanto, estamos trabajando para crear la infraestructura necesaria que respaldará y nutrirá a los miembros de nuestra comunidad para participar en un retiro a corto y largo plazo. Esto incluye la compra de tierras y la construcción de todo lo que se necesita para llevar a cabo retiros grupales y solitarios. Nuestro objetivo a largo plazo es desarrollar una red de dichos centros en todo el mundo, formando una comunidad global que respalde una amplia variedad de profesionales.

3. **Traducir y publicar los textos únicos y raros de los maestros del Kalachakra.** El Sistema de Kalachakra ha sido el tema de innumerables textos en el transcurso de la larga historia del Tíbet. Hasta ahora, solo una pequeña fracción de estos textos ha sido traducida y está accesible en Occidente. Si bien los textos teóricos son de suma importancia, nuestro objetivo es centrarnos particularmente en 81 las instrucciones básicas que guiarán a los practicantes dedicados a una experiencia más profunda de estas profundas enseñanzas.

4. **Desarrollar las herramientas y programas para una experiencia de aprendizaje estructurado.** Con grupos de estudiantes distribuidos por todo el mundo, creemos que es importante aprovechar al máximo las tecnologías modernas para facilitar el proceso de aprendizaje para nuestros estudiantes. Nuestro objetivo es desarrollar una sólida plataforma educativa en línea que permita a nuestra comunidad internacional acceder a programas de estudio de calidad que sean intuitivos, estructurados y atractivos.

METAS A LARGO PLAZO

Mientras trabajamos para lograr la paz y la armonía suprema en nuestras propias mentes, no debemos perder de vista el hecho de que existimos dentro del contexto de un mundo lleno de una gran diversidad de personas. Estas personas dan lugar a una amplia variedad de creencias y prácticas que a su vez dan forma a cómo nos relacionamos e interactuamos entre nosotros. En esta realidad interdependiente, es vital encontrar estrategias viables para promover una mayor tolerancia y respeto. Con este fin, Rinpoche propone cuatro áreas específicas de actividad:

1. **Promover el desarrollo de una Filosofía Rimé a través del diálogo con otras tradiciones.** Con el deseo de ser miembros constructivos de una sociedad pluralista, debemos aprender formas de reconciliar nuestras diferencias. Con este objetivo, nuestra meta es ayudar a las personas a desarrollar las cualidades positivas que promueven una actitud de respeto mutuo, apertura a nuevas ideas y un deseo inquisitivo de superar nuestra ignorancia.

2. **Desarrollar modelos de conducta altamente realizados ofreciendo apoyo financiero a profesionales dedicados.** Para asegurar la autenticidad de nuestras tradiciones espirituales, es imperativo que haya personas que realicen las realizaciones más elevadas. Por lo tanto, nuestro objetivo es crear un programa de becas financieras que facilite a los practicantes genuinos que desean dedicar sus vidas al desarrollo espiritual, independientemente de su sistema de práctica. Al ayudar a las personas a actualizar las enseñanzas, se convierten en modelos positivos para quienes los rodean, inspirando y guiando a las generaciones venideras.

3. **Actualizar el gran potencial de las mujeres practicantes mediante el desarrollo de programas de capacitación especializados.** La cultura tibetana tiene una larga historia de cultivar

maestros altamente realizados a través del entrenamiento intensivo de aquellos que son reconocidos por tener un gran potencial. Desafortunadamente, con demasiada frecuencia, la búsqueda de potencial se enfocó solo en los candidatos masculinos. Rinpoche cree que es cada vez más importante contar con modelos de roles femeninos fuertes y altamente realizados que puedan ayudar a lograr un mayor equilibrio en nuestro mundo. Por esta razón, estamos trabajando para desarrollar un programa de capacitación único para brindar a las mujeres la oportunidad de actualizar su potencial espiritual. Nuestro objetivo es diseñar un plan de estudios especializado, así como la infraestructura financiera para apoyar plenamente todos los aspectos de su educación.

4. **Promover una mayor flexibilidad mental y una comprensión más amplia de la realidad a través de programas educativos modernos.** En un mundo que evoluciona rápidamente, debemos replantearnos los tipos de habilidades que les enseñamos a nuestros hijos. Las rígidas estructuras del pasado a menudo están mal equipadas para preparar a los estudiantes para los desafíos que enfrentarán durante sus vidas. Por lo tanto, nuestro objetivo es desarrollar una variedad de programas educativos que puedan ayudar a los niños a ser más flexibles y más capaces de adaptarse a su contexto. Una parte importante de estos programas es el desarrollo de una mayor conciencia del papel que desempeña nuestra mente en nuestras experiencias cotidianas. También buscamos introducir reformas en el sistema educativo monástico que los ayuden a ser más relevantes para este mundo moderno.

¿CÓMO PUEDES AYUDAR?

Nada de esto será posible sin tu apoyo y participación. Esta visión requerirá una gran cantidad de mérito y generosidad de múltiples benefactores a lo largo de muchos años. Si deseas ayudar, no dudes en contactarnos.

Dzokden
3436 Divisadero
San Francisco, CA 94123
United States of America

office@dzokden.org
dzokden.org

www.ingramcontent.com/pod-product-compliance
Lightning Source LLC
Chambersburg PA
CBHW061155120626
46546CB00005B/2071